New Translation "Soulful Minute"
Yoshida Shoin's philosophy of life and death

【新訳】

留魂録

吉田松陰の「死生観」

松浦光修 編訳
Mitsunobu Matsuura

PHP

装幀　一瀬錠二（Art of NOISE）

明治35年、品川弥二郎《しながわやじろう》が、疋田雪洲《ひきたせつしゆう》につくらせ、「尊攘堂《そんじようどう》」の祭壇に安置された松陰の木像。松陰を知る人々の意見にもとづいてつくられており、生前の松陰の面影を、もっともよく伝えるもの、といわれている。
（京都大学附属図書館　所蔵）

身はたとひ　武蔵の野辺に　朽《くち》ぬとも
留《とど》め置《おか》まし　大和　魂《やまとだましい》

（吉田松陰『留魂録《りゅうこんろく》』）

はじめに　『留魂録』の奇跡

“島帰り”の老人と『留魂録』

野村靖《やすし》という人がいます（「靖」と名乗りはじめるのは、明治四〈一八七一〉年以後です。それ以前は「野村和作」と名乗っていました。ですから、これから、基本的に明治四年以後の話をする時は「靖」と書き、それより前の話をする時は、「和作」と書きます）。

靖は、長州藩《ちょうしゅうはん》（現在の山口県）の出身で、若いころは、いわゆる「幕末の志士」として活躍した人で、明治維新後は、政府の要職を歴任しています。

明治九（一八七六）年のことです。靖は、今でいう神奈川県の副知事のような仕事をしていました。「十年ひと昔」と言われるように、そのころになると、明治維新という政治的な大変革も、もう“ひと昔”も前の話になっていました。ましてや、その十年ほどのあいだに、日本は文化的にも、「文明開化」という大きな波に洗われています。政治制度も社会風俗も、通信手段や交通手段も、また食事、服装、髪型なども……、なにからなにまで変わっていました。ですからそのころになると、もはや江戸時代は、〝遠い過去〟のように思われはじめていたにちがいありません。

これは、そんな明治九年の、ある日の話です。靖のところに、みすぼらしい姿の老人が訪ねてきます。そして、懐から小さな冊子を取り出して、こう言ったのです。

「私は昔、長州藩の名高い武士・吉田《よしだ》松陰《しょういん》先生と、同じ獄舎に入れられていたことのある沼崎吉五郎《ぬまざききちごろう》と申す者でございます。松陰先生が処刑される前の日の話ですが、先生はこの冊子をおつくりになって、私に向かって、こういうことをおっしゃいました。『私は、すでにこれと同じ冊子を、私の故郷の長州に送っています。けれども、もしかしたら、どこかで滞り、届かないことがあるかもしれません。そこで私は、同じ冊子を、もう一つつくりました。これを、あなたに託します。

明日、私は処刑されますが、あなたは、いつの日か、獄舎を出る日がくるでしょう。ですから、その日まで、これを持っていてください。そして獄舎を出て、自由の身になったら、長州藩の人間なら誰でもかまいません。これを渡してください。長州藩の人間なら、みんな私のことを知っていると思いますから……』

そのあと、私は三宅島に島流しになったのですが、近ごろ、ようやく赦《ゆる》されて、島から帰ってきました。そして、たまたま、あなたが長州藩出身のお方だとお聞きしましたので、私は今日、この冊子を、あなたにお届けするためにやってきたのです」

靖は驚いて、その冊子を開きます。すると、たしかに見覚えのある「松陰先生」の筆跡でした。

こうして、松陰が処刑される前日に書き上げた直筆の『留魂録』が、文明開化の時代に、突然あらわれたのです。その現物は、今、山口県萩市の松陰神社で大切に保管されています。

それでは、もう一冊の、松陰が「私の故郷の長州に送った」と言っていた『留魂録』は、そのあと、どうなったのでしょう? たしかに長州藩に届いてはいたようです。その証拠に、それを書き写したものも残っています。しかし、それには松陰の筆跡ではないものも混じっていたそうです。

そのため、靖は幕末のころ、松下村塾で『留魂録』を見た時、不審に思った記憶がある……と、書き残しています（「先師松陰先生手蹟『留魂録』の後に書す」・明治二十四年）。そして、やがておとずれる幕末維新の戦乱のなか、長州に届いていたはずの『留魂録』の原本は、どこにいったのか、わからなくなってしまいます。

ですから、もしも沼崎吉五郎が、それを大切に保持し、靖に渡してくれていなければ、『留魂録』の現物は、たぶん歴史の闇のなかに、永遠に消えてしまっていたでしょう。あるいは、かろうじて本文は伝わったとしても、きわめて不正確なかたちでしか、現在には伝わらなかったかもしれません。

それにしても、松陰が刑死してから沼崎が靖に会うまでに、十七年もの歳月が流れています。しかも、沼崎は、島流しの身でした。

そのような身でありながら、それだけの歳月を経ながら、一枚も破損することなく、一字も汚すことなく、沼崎は大切に『留魂録』を守り切り、後世に伝えたのです。なんと律儀《りちぎ》で用意周到《よういしゅうとう》な人物か……と驚かされますが、そのこと自体が、ある意味では、歴史に残る〝偉業〟と言っていいでしょう。

用意周到といえば、そもそも自分の死を目の前にしながら、同じ冊子を、二つつくった松陰そのものが、用意周到というほかありません。そして、同じ獄舎にいた人々のなかから、「この人物なら、かならず私の依頼をはたしてくれる」と沼崎を選び、『留魂録』を託しているのですから、松陰の〝人を見る目〟は、確かであったといえます。


話をつづけましょう。

靖は『留魂録』を手にして、沼崎に、こう言ったのです。

「じつは私は、松陰先生の門人《もんじん》だったのだよ」

それを聞いて、沼崎は歓喜しました。そして、靖に、松陰の獄舎でのようすを語ったそうです。

そのあと沼崎は、さらに松陰が門人たちに別れの言葉を書いた手紙など、松陰の最期の日々を物語る文書を、他にもいくつか取り出し、それらを、すべて靖に託して、風のように去ります。そののち、沼崎が、どこへ行ったのか、どのような人生を送ったのか、今ではまったくわかりません。

たぶん沼崎も、ふつうの人からの依頼なら、それほど律儀で、用意周到な対応はしなかったでしょう。しかし、沼崎は生前の松陰という人を、よく知り、尊敬し、その最期のようすも、すべて見ていましたから、松陰から自分に託された「使命」は、たとえ命にかえても、成しとげようとしたのではないでしょうか。

野村靖と金子重之助《しげのすけ》（重輔・重之輔）

『留魂録』が、一字も損なわれることなく伝わったということが、そもそも〝奇跡〟のような話です。しかし、それが野村靖に手渡されたということは、さらなる〝奇跡〟ではないか、と私は思っています。

これは、本書の第二章・第三章に書いていることですが、松陰は、安政六（一八五九）年一月ごろより、周囲から〝孤立〟してしまいます。松陰が計画し、実行に移そうとしている政治行動が、あまりにも過激で、しかも性急なものであったため、高杉晋作《たかすぎしんさく》や久坂玄《くさかげん》瑞《ずい》のような門人たちでさえ、松陰を敬遠するようになっていたのです。

しかし、最後まで松陰の指示にしたがって、行動した兄弟がいました。それが野村和作と、その実の兄・入江杉蔵《いりえすぎぞう》（九一《くいち》）です。そして、そのあげく、とうとう二人は、松陰が投獄されている獄舎（野山獄《のやまごく》）の、向かいの獄舎（岩倉獄《いわくらごく》）に入れられます。そのあと松陰は、岩倉獄にいる和作と杉蔵にあてて、さかんに〝死とは何か、生とは何か〟ということを論じる手紙を書いています。

それらは、いずれも松陰の〝死生観〟を、よく物語る手紙です。本書のなかには、それらの手紙のうちから、代表的なものを収めました。

つまり、この二人は、生前の松陰に一度も離れずについていった……という点では、〝たった二人の門人〟なのです。そして、手紙を通じて、松陰ともっとも深く「人生」について語り合った……という点でも、〝たった二人の門人〟でした。

しかし、兄の杉蔵は、松陰の遺志を実現しようとして奔走しつづけたあげく、元治《げんじ》元（一八六四）年の「禁門の変」で、二十八歳という若さで自刃しています。つまり、和作は、維新後も生き残っていた門人たちのなかでは、以上のような意味で、〝たった一人〟の門人だったのです（この兄弟は、あまりにも頻繁《ひんぱん》に手紙のやりとりをしたせいでしょうが、筆跡まで松陰そっくりになってしまい、当時の人々でさえ、ほとんど判別できなかった、といわれています）。

その〝たった一人〟の門人に、松陰の〝死生観〟の集大成ともいうべき『留魂録』が、激しい維新の動乱の時代をくぐりぬけ、松陰の死から十七年の歳月を経て手渡されたのです。ここまで書いてくると、先ほど私が、「さらなる〝奇跡〟」とまで言った意味が、およそおわかりいただけるのではないでしょうか。

なんとも不思議というほかない話です。松陰は「留魂」ということを信じていましたが、もしかしたら世の中には、ほんとうにそういうことがあるのかもしれません。

ところで松陰は、自分の計画を実行しようとしたがために、和作が投獄されたあと、和作にあてた手紙のなかで、こんなことを書いています。

「私は、同志と呼べる人物を求めつづけて、もう数年もたちますが、なかなか見つかりませんでした。けれども私は、今はじめて、あなたという同志をえました。

〝金子重之助《かねこしげのすけ》は死んでいなかった〟ということです。うれしく、ありがたいことと思います」（本書第三章第一節参照）

松陰は、和作に〝あなたは、金子重之助の再来だ〟と書いているわけですが、それでは、その金子重之助というのは、いったい、どのような人物なのでしょうか？

重之助という人物は、いわば松陰の〝一番弟子〟です。そして、松陰よりも先に志に殉じて死んだ……という点では、〝唯一の弟子〟でもあります。

話は、安政元（一八五四）年（改元は十一月二十七日ですから、正確には嘉永七年）の三月にさかのぼります。松陰の刑死より五年前のことです。いうまでもなく、そのころの日本は、「鎖国」をしていました。つまり、日本人が外国に行ってもいけないし、外国人が許可なく日本に来てもいけなかったのです。

しかし松陰は、下田沖に停泊中であったアメリカのペリー艦隊の船に乗り込もうとします。これが、「下田踏海事件《しもだとうかい》」と呼ばれる出来事です。

松陰の目的は、外国に行くことでした（近ごろ、その目的は、じつは外国に行くことではなかった……という説もありますが、その説は、実証史学の観点からすれば、疑問の多いものですので、ここでは通説にしたがって書きます）。その「下田踏海事件」の時、ただ一人、松陰に同行したのが、重之助です。

重之助は、松陰より一歳下の青年でした。ですから、「先生」と「門人」とはいっても、ふつうに考えられるほど歳がちがっていたわけではありません。

重之助は、長州藩の足軽の出身で、江戸の長州藩邸で勤務していましたが、松陰と出会い、その考えに共鳴し、行動をともにしよう……と決意します。なにしろ「鎖国」という、国の重大な「法律」を破ろうというのですから、二人は当然、死を覚悟していたでしょう。

松陰は、もともと長州藩の学校の先生でしたから、かたちの上での「門人」や「弟子」は、それまでにも、たくさんいました。しかし、それらの人々は、もちろん〝生きるも死ぬも、ともにする〟という覚悟をもった「門人」や「弟子」ではありません。

しかし、重之助には、その覚悟がありました。そういう意味で、重之助は、やはり松陰にとっては、〝一番弟子〟だったのです。

ところが、その決死の行動も失敗に終わり、結局のところ、二人は「自首」することになりました。

その時、松陰は下田で、こういう和歌を詠んでいます。

「世の人は　よしあしごとも　いはばいへ　賤《しず》が誠は　神ぞ知るらん」（「三月二十七日の記」）

歌意《かい》はこうです。「世の中には、私たちの行動について、誉める人もあれば、けなす人もあるでしょうが、言いたい人は、なんとでも言えばいいのです。私たちの心のなかは、ただ神さまだけがご存じなのですから……」。

そのあと、下田から江戸に護送され、「赤穂《あこう》浪士」で有名な高輪《たかなわ》の泉岳寺《せんがくじ》の前を通った時、松陰は、また、こういう和歌を詠みました。

「かくすれば　かくなるものと　しりながら　已《や》むに已まれぬ　大和魂」（歌意・「こういうことをすれば、こういうことになる……と、わかってはいても、志にしたがって、やむにやまれぬ思いで、あえて行動を起こすのが、〝大和魂〟をもった日本人です」）

「赤穂浪士」の物語は、〝人には時に、権力者の顔色よりも、「法律」よりも、そして自分の命よりも、もっと大切にしなければならないものがある〟ということを、日本人に教えてくれます。その物語に感動するセンスが、あるのかないのか……、ということは、日本人としての感性があるのかないのか……、ということと、密接につながっているようです。松陰たちは、たしかに当時の「法律」を犯しました。しかし、たぶん二人の心のなかには、「赤穂浪士」と同じく、「自分たちは、なすべきことをなした」という満足感のようなものがあったのではないでしょうか。

こうして、二人は、江戸の伝馬町《てんまちょう》の獄舎に入れられました。裁きをうけたあと、長州藩の萩に送り返されることになったのですが、すでに伝馬町の獄舎に入れられたころから、重之助は重い病気にかかっていました。

九月には判決がおります。しかし、そのころになると、もう重之助は歩くことさえ困難になっていました。重之助は、そのような体で、萩へ護送されたのです。悲惨というほかありません。

すでに寒さが身にしみる季節です。旅の途中、松陰は、自分の服を脱いで重之助に与えています。その時、重之助は、泣いて「先生」に感謝の言葉を伝えました。しかしながら、重之助の病気は重くなるばかりです。

十月になって、ようやく二人は萩に到着します。萩の明木橋《あきらぎばし》のところで、二人の駕籠は別れました。これが二人の永遠の別れとなります。松陰は「野山獄」に、重之助は「岩倉獄」に入れられました（のちに入江杉蔵と野村和作が入れられた、あの「岩倉獄」です）。

しかし、それから二か月ほどした安政二（一八五五）年の正月十一日、とうとう重之助は獄舎のなかで病死します。まだ二十五歳の若さでした。

松陰の悲しみようは、尋常ではなかったようです。まず、その死を悼《いた》む長い漢詩をつくります。また、重之助の生涯を記した文章をつくりました。

さらに、松陰は自分の食費をけずり、それで捻出したお金を、重之助の家族に送っています。

その上、松陰は各地の知人に呼びかけて、重之助の「追悼文集」をつくりはじめるのです（本書第一章第一節を参照してください）。〝自分が言い出した命がけの行動に、たった一人したがってくれた重之助が、自分より先に死んでしまった〟という事実が、松陰の心を、どれだけ苦しめたか、私たちには想像もつきません。

いずれにしても松陰の〝ものの考え方〟は、その出来事のあと、急速な〝高まり〟と〝深まり〟を見せます。それ以後の松陰の人生は、ある意味では〝重之助の死〟という出来事とともにあったといっても、よいのではないでしょうか。

音楽の世界には、〝通奏低音《つうそうていおん》〟というものがあるそうです。私は、〝重之助の死〟という出来事が、それ以後の松陰の人生にとっての、〝通奏低音〟になったのではないか、と思っています。

本書について

本書は、タイトルのとおり、松陰の遺著『留魂録』の現代語訳を中心にしたものです。『留魂録』は、松陰の「死生観」が結実したものですが、じつはそこにいたるまでの松陰の「死生観」は、それ以前の松陰の手紙や論文などにも、しばしばあらわれています。

ですから、本書の第一章から第四章まででは、まず『留魂録』以前の松陰の手紙や論文のなかから、その「死生観」をよくあらわしていると思われる史料を選び、それを現代語訳しました。それが安政二（一八五五）年のものからはじまっているのは、先に申し上げたような理由で、重之助が死去したあとの文章からはじめるべきであろう、と思ったからです。

第五章と第六章が、『留魂録』の現代語訳です。

最後の第七章は、少し趣《おもむき》を変えて、松陰の「五十年祭」の年に、妹の児玉千代（のちに、芳・芳子と改名）が語った〝兄・松陰〟についてのインタビュー記事を、現代語訳にして収めました。それも、また松陰の「留魂」という観点から、大切な記事だと思ったからです。

もっとも、「留魂」という観点を除外して読んだとしても、そこには、妹（あるいは女性）の立場から、松陰という人が、どのように見えたのか……ということが、くわしく書かれていますので、そのような意味でも、これは興味深い記事と言えるでしょう。

言うまでもないことですが、本書の「主人公」は、もちろん松陰です。けれども、「脇役」は、高杉晋作や久坂玄瑞ではありません。前原一誠《まえばらいっせい》や伊藤博文や山県有朋《やまがたありとも》でもありません。本書の大切な「脇役」は、金子重之助と野村和作です。

吉田松陰についての本……いわば〝松陰本〟は、世の中にたくさんありますが、そのような視点から松陰の書いたものを集め、現代語訳にした本は、たぶんこれまでなかったでしょう。ですから、世の中にこのような〝松陰本〟も、一冊くらいはあってもいいのではないか……と、そう思って私は本書を書きました。

ちなみに、松陰の文章は、力強い漢文調のものが、ほとんどなのですが、松下村塾で、直接、松陰から話を聴いた人の回想によると、松陰は、話し方が、「はなはだ、ていねい」な人であったそうです（「渡辺蒿蔵《こうぞう》談話」第一・大正五年七月八日の聞き取り）。ですから、私は本書を、松陰のその口調を再現するつもりで、「です・ます調」で現代語に訳しました。

また、松陰の文章は、きわめて速い速度で書かれたものが多く、そのため言葉がどうしても、断片的になっているケースがあります。ですから、それをそのまま直訳してしまうと、現代人には意味がわかりにくく、また読みづらいものになってしまいます。

そのため私は本書で、原文はできるだけ尊重しつつも、あえて私なりに言葉を補いつつ、現代風に文章を整えました。その意味で、本書は、拙書『［新訳］南洲翁遺訓　西郷隆盛が遺した「敬天愛人」の教え』と同じく、私なりの〝超訳〟のこころみです。

本書の「章」「節」のタイトルや、節のなかの「小見出し」は、いずれも私がつけています。

また、松陰の文章は、その時々の〝状況〟をふまえなければ、深い理解ができない性質のものが多いので、本書は、それぞれの現代語訳の本文をかかげる前に、説明をかねて「前書」を書きました。

それに加えて、本書では、それぞれの現代語訳のあとに、「余話」を書いていますが、これは松陰の『講孟余話《こうもうよわ》』（『講孟劄記《こうもうさつき》』）の顰《ひそみ》にならったものです。松陰の「余話」は、「余話」（「こぼれ話」という意味）」とはいいつつ、じつは古典的な名文なのですが、私の「余話」は文字どおり、それぞれの本文をめぐる私なりの「補足」や「雑談」にすぎません。

それでも、私は、それらの「前書」や「余話」で、そのころの松陰について、読者の皆さんに知っていただきたいこと、本文を読みつつ私が考えたこと……など、いろいろなことを書いています。ですから読者の皆さんには、「前書」「本文」「余話」というぐあいに、順序どおり、ふつうにお読みいただければ幸いです。

「前書」や「余話」のなかで引用している、さまざまな史料も、基本的には私が現代語に訳していますが、〝ここぞ〟と思う名文にかぎっては、現代語のあとに、「原文」をあげておきました。原文の〝迫力〟を感じていただければ幸いです。

なお、『留魂録』の原文は、全文を巻末に載せておきました。原本の使用を御許可いただいた萩市の松陰神社に、心より感謝するしだいです。

平成二十三年九月九日（重陽の節句に）

松浦光修《みつのぶ》

[新訳]留魂録——目次

はじめに　『留魂録』の奇跡

第一章　死生を想う

第二章　死生に対す

第一章　死生を想う

第一節　愛弟子の死——『冤魂慰草《えんこんいそう》』（安政二年—六年）より

前書

安政二（一八五五）年一月十一日、金子重之助が岩倉獄で死去すると、松陰は、その年の五月、重之助の魂を慰めるための詩歌や俳句を集めた本をつくろう、と思い立ちます。自分の身近にいる人々だけではなく、できれば重之助のために、少しでも多くの人々から作品を集めたい……と考えた松陰は、「作品募集」のような一文を書き、それを各地の友人や知人に送りました。

それが、「友人・金子くんの死を悼む作品を寄せていただきたく、友人の皆さんに送る手紙」（原文・「諸友に簡して亡友金子生の為めに哀詞を求むる書」）です。そのようにして集まってきた詩歌や俳句を、松陰は、一つの本につくりあげ、こうして『冤魂慰草』という本ができあがるのですが、「冤」という漢字には、「ぬれぎぬ」とか、「うらみ」などの意味があります。ですから『冤魂慰草』で、こういう意味になるでしょう。「無念の思いで、あの世に逝った友の魂を、慰めるための詩歌集」。

それにしても、その四か月前、重之助は「罪人」として死去した人です。それから五十六年後の明治四十四（一九一一）年に、重之助は天皇陛下から「正五位」という位を贈られ、ようやくその名誉が回復されるのですが、この時は、まだ「病死した罪人」にすぎません。そういう時期に、そういう人物のための「追悼作品集」をつくろうというのですから、それは、さまざまな意味で、困難をきわめる仕事であったでしょう。その上、それをつくろうという松陰自身が、そもそも獄舎に入れられている「罪人」なのです。

しかし、そういう困難な状況のなかでも、松陰は、各地の友人・知人の協力をえて、かなりの時間はかかっていますが、それを完成させています。ここにかかげる「作品募集」のための一文を読むだけでも、松陰が、どれだけ重之助の死を、深く悼んでいたかがわかるでしょう。

▼「友人・金子くんの死を悼む作品を寄せていただきたく、友人のみなさんに送る手紙」（安政二年五月五日）・本文

生きている者が、やがて必ず死ぬというのは、この世の道理です。ですから、志ある人は、〝人はやがて必ず死ぬ〟ということを、常に念頭において、日々、悔いのないよう生きているわけですし、愛ある人も、〝人はやがて必ず死ぬ〟ということを、常に念頭においていますから、たとえどのような人が死んだとしても、その人の死だけを、特別に惜しむということはありません。

そうであれば私が、金子くんの死を、ことさらに悲しむのは、おかしなことのようでありますけれども人は、親しい人が死ぬと、たとえ悲しむまいと思っても、その悲しみをとめることができません。それが人の情というものです。ましてや、金子くんの死は、ふつうの死ではないのですから、とりわけ悲しみがつのるのも、当然のことでしょう。

私は、もっとも金子くんと親しくしていた者で、また、もっとも金子くんの死を悲しんでいる者でもあります。ですから、金子くんの生涯を文章に書き残し、その死を悼む詩歌

もつくり、それらのなかに、尽きることのない私の悲しみを込めてきました。そして、今度は、それらの私の作品を、金子くんの死を悲しむ人々に伝え、それとともに、それらの人々にも金子くんを追悼する作品をつくってもらいたい、と思うようになりました。皆さんとともに、地下の金子くんのことを思い、ともに泣きたいと思います。

今の世にある、志ある人々……、また愛ある人々……、それらの人々とともに、金子くんの死を悲しむことができれば、幸いです。

『礼記《らいき》』に、こういう言葉があります。「友の墓に、埋葬したころと同じ季節の草が茂っていたら（つまり、一年たったら）、もう泣くことはない」。

金子くんが亡くなって、まだ五か月しかたっていません。悲しみを忘れるほどの時間は、まだたっていないのではないでしょうか。

安政二年五月五日

余話

『冤魂慰草』は、「安政二年五月五日」（松陰二十六歳）の、この「作品募集」の一文から、つくりはじめられます。だいたい出来上がったのは、安政四（一八五七）年の夏ごろです。

そもそも松陰という人は、たいへんなスピードで、手紙や文章を書き上げる人で、たとえば、有名な大著『講孟余話』でさえ、ほぼ一年で完成させています。それからすると、松陰は、『冤魂慰草』をつくることに、かなりの時間をかけていることになりますが、それは単に、文章を集めたり、それを配列したりするのに時間がかかったから……というばかりではなさそうです。

松陰は、この『冤魂慰草』が、だいたい出来上がったあとも、ずっと手元において、手を入れつづけていたと思われます。つまり、なかなか「これでよし」という気持ちにならなかったのでしょう。そして、いよいよ「これでよし」という気持ちになったのは、安政六年五月（松陰三十歳）のことでした。つまり、江戸に護送されることが決まった時です。江戸に旅立つ時、松陰には、すでに〝死の予感〟があったと思われます。『冤魂慰草』に収められている松陰の最後の和歌は、こういうものです。

東へ旅立する時、亡友・金子生をおもふとて

箱根山　けはしき道を　越す時は
過ぎにし友の　なほ思はれん

和歌の前に「江戸に向けて旅立つ時、今は亡き年少の友・金子くんを思って」という詞書《ことばがき》が書かれていますが、そのあとの和歌の意味は、およそこうです。「これから私は、江戸への旅に出ますが、箱根の山の険しい道を越える時には、たぶん今から五年前……、金子くんとともに、江戸から萩に護送された旅のことを、思い出すにちがいありません」。

ちなみに、この安政二年、松陰は「野山獄」のなかで、「士規七則《しきしちそく》」という有名な一文を書いています。武士としての心構えを、七か条にまとめたもので、数ある松陰の文章のなかでも、とくに広く知られているものです。その最後の一条には、このように書かれています。

「〝死ぬまで志を貫く〟という一言は、言葉は短いですが、深く広い意味が込められています。意思が固い、がまん強い、思い切りよく行動ができる……、それらのすべての美徳を備えつつ、ブレない生き方をしていくためには、その〝死ぬまで志を貫く〟という覚悟を、自分の心のうちに、しっかりと定めるしか、ほかに方法はありません」（原文・「死して後已《や》むの四字は、言簡にして義広し。堅忍果決《けんにんかけつ》、確固として抜くべからざるものは、是れを舍《お》きて、術《すべ》なきなり」・『野山獄文稿』）

今でも世間には、よく「死ぬ覚悟で……」などと言う人がいますが、言うまでもなく、ほとんどの場合は、口先だけの軽い言葉にすぎません。しかし、松陰のこの言葉には、誰もが、ずっしりと重いものを感じるはずです。あるいは、言葉というものは、それそのものに重みがあるのではないのでしょう。いつ、どこで、誰が言ったか、ということが、その言葉を重くもすれば、軽くもするものなのです。

『冤魂慰草』をつくりはじめた安政二年（松陰二十六歳）から、江戸で刑死する安政六年（松陰三十歳）までの五年間は、おそらく、松陰が、もっとも〝松陰らしく〟生き、歴史にその名をきざんだ歳月であったと思います。その間、あるいは松陰は、ずっと重之助の「冤魂」とともにあった……とも、言えるかもしれません。

第二節　七たび生きる――「七生説《しちしょうせつ》」（安政三年四月十五日）

前書

重之助の死という、かつてない精神的な苦難を経て、松陰の人生観は、それまでよりも、より〝高く〟より〝深い〟ものに変わります。そのころの松陰の心の世界を結晶化させたものが、安政三（一八五六）年四月（松陰二十七歳）に書かれた「七生説」（『丙辰幽室文稿』所収）でしょう。

この一文は、松陰の人生観の結晶……と言うだけにとどまるものではありません。「志士の死生観の一つの結晶」とも言ってもよいものでしょうし、ひいては「日本人の死生観の一つの結晶」とさえ、言ってもよいものではないか、と思います。

「七生説」は、南北朝時代の忠臣・楠木正成《くすのきまさしげ》（楠公《なんこう》）を想起しつつ、松陰なりの人生観を語ったものです。しかし、じつはそれ以前にも、松陰が楠木正成について書いたものはあります。「楠公墓下《なんこうぼか》の作」という漢詩が、そうです。嘉永四（一八五一）年（松陰二十二歳）に、松陰は、湊川《みなとがわ》の楠木正成の墓所をたずねて、その漢詩をつくっています。

その大意は、こうです。

「道義のため、正義のため、ことを行うことが大切です。どうして名誉などを望む必要があるでしょうか。楠公は、『私は朝敵とともに、この世には生きない』と誓って、みごとに討死《うちじに》されましたが、その楠公のお墓こそが、いま私の眼の前にある、『嗚呼《ああ》忠臣楠子《ちゅうしんなんし》の墓』です。私は後ろ髪を引かれる思いがして、しばらくそこを立ち去ることができませんでした。

湊川で楠公が討死され、日本は、まるで水を失った魚のように、あるいは万里の長城が砕け散ったシナのようになってしまいました。そして、建武《けんむ》の中興という大事業も、この時、実質的には終わったのです。

そもそも人間にとって、たんなる肉体の生死などというのは、じつはたいしたものではありません（それを超えたものが大切なのです）。その証拠に、（楠公の事跡を知ったなら、どれほど時代が変わろうと……）欲深い人も感化されて清廉になり、意気地なしの人でも感激して高い志を立てるようになります。そういう意味で、楠公は死んでいません。ずっと生きているのです。

近ごろは、官界でも民間でも、〝ただ他人の意見に合わせていればいい〟というような考えの人物が少なくありません。そのため、少しでも個性的な言動をする人物は排除されてしまいます。

しかし、いくら本を読んで知識を蓄えたところで、人は、ただそれだけでは、世のため人のため、何の役に立つこともできないまま、人生を終えてしまうでしょう。その人に〝私は日本の道義を、体を張ってでも守る〟という高い志がなければ、いったん国に大事が起こった時、どうして迷わず正しい道を踏み、立派な功績を残すことができるでしょうか。

大陸の清《しん》も、昔は世界に名だたる大国でしたが、今は西洋に屈服してしまっています。その十万の国民は、いったい何をしているのでしょうか。あるいは、秦《しん》の時代の陳勝《ちんしょう》、呉《ご》公《こう》のような連中か、そうでなければ、犬とか鼠のような連中ばかりなのでしょう。

そのような今の世界を、楠公のような人物があらわれて、一新しなければならないと……、私はつくづく思っています。しかし、今の私は楠公の墓前で、ため息をつくばかりで、自分の中の思いは、虚しく空回りするばかりです」(『東遊日記』)

これはこれで、たいへん立派な漢詩です。「人間にとって、たんなる肉体の生死などというのは、じつはたいしたものではない」「楠公は死んでいません。ずっと生きているのです」などというところは、ストレートに「七生説」の考え方にもつながっています。しかし、その思想の〝高み〟や〝深み〟という点では、「七生説」と比べると、この漢詩は、やはり劣っているように思われます。この漢詩のころの松陰は、ある意味、まだ〝高い志に燃える、ふつうの青年〟で、それ以上でもなければ、それ以下でもないように思います。

ところが、それから五年後の「七生説」になると、もう松陰は、そういう青年ではありません。その一文からは、なにやら神秘的な〝凄《すご》み〟さえ感じられるのです。

いったい松陰は、なぜ、わずか五年で、そのような境地に到達することができたのでしょうか？　私の脳裏に浮かぶのは、やはりその前年の重之助の死なのですが、むろん、そのような〝外的な出来事〟に出会ったら、いつでも誰でも、そのような〝高み〟と〝深み〟のある人生観に到達できる……というわけではありません。

そもそも松陰と重之助の間にあったのは、〝ふつうの師弟関係〟などではありません。二人は、ともに〝命をかけて国難を救おう〟と誓い合った仲なのです。これは、現代人にとっては、想像することさえむずかしい人間関係でしょう。その上、「下田踏海」という行動を提案したのは、まずは松陰で、重之助はその計画に賛同して行動をともにし、結果的には重之助の方が先に死んでしまったのです。

ですから、松陰の心のなかには、ずっと「先に死ぬべきなのは、計画を言い出した私ではなかったか……」という痛切な思いがあったでしょう。その思いは、たぶん死の瞬間まであったはずです。

人は、誠実であればあるほど、愛情があればあるほど、深く傷つきます。誠実さがなく、愛情もない人は、たとえどのような〝外的な出来事〟が起こっても、あまり傷つくことはないでしょう。

そのような人にとって、〝外的な出来事〟は、あくまでも〝外的な出来事〟にとどまり、けっして〝内的な出来事〟にはなりません。しかし、松陰は、誠実さも愛情も、たぶん生身の人としては、限界に近いほどもっていた人です。

ですから松陰が、重之助の死という〝外的な出来事〟を、どれほど深く受け止めたか……、今の私たちには想像もできません。おそらく、その出来事は、松陰の心のなかで、暴風雨のように荒れ狂ったはずです。

しかし、そのような暴風雨に翻弄されつづけているうちに、いつしか松陰は、これまでとは別の……、たとえて言えば、台風が過ぎたあとの高々と広がる空のような、あるいは、森林の奥の透明に澄みわたる湖のような、高く、深い心の世界へ到達したのでしょう。おそらく現代の宗教学でいう「死と再生」という現象が、松陰の心のなかでおこったのではないでしょうか（M・エリアーデ『生と再生』参照）。

そのような過程を経て、このころ、たぶん松陰は〝松陰になった〟のです。そして、そのような松陰らしい人生観を、もっとも早く、かつ、わかりやすく表現しているのが、この「七生説」ではないかと思われます。

この「七生説」で、松陰は、「理」と「気」という二つの言葉をキーワードにして、考えをすすめています。松陰は、この二つの言葉を、朱子学という学問にもとづいて使っていますから、その学問上での意味を、少し知っておかないと、松陰が何を言いたいのか、正確に理解することはできません。

ですから、ここで簡単に説明しておきましょう。まず「理」ですが、これは専門的には、こういう意味です。「総体的にいうならば、宇宙、万物の根拠であり、宇宙をしてあるべきようにあらしめている原理、個別的にいえば、個物を個物たらしめる原理、それが理である」（島田虔次『朱子学と陽明学』）。これを、私なりに言いかえれば、「理」とは、つまり目に見えない〝この世にある、すべてのものの設計図〟ということになります。

つぎに「気」ですが、これは、要するに「天地万物」（前同）そのもののことです。これも、私なりに言い換えれば、つまり、目に見える〝この世にある、すべてのもの〟ということになります。

さらに、簡単に言えば、「目に見えないもの」が「理」で、「目に見えるもの」が「気」と言ってもいいでしょう。「理」は、たしかにあるのですが、なにしろ「目に見えないもの」です。

ですから、「気がなければ、理は『ひっかかるところがない』」（前同）ということになります。つまり、「理」は、「気」という「目に見えるもの」に〝ひっかかって〟、この世にあらわれているわけです。

近代の日本人は、〝存在するもの〟は、みんな「目に見えるもの」だと思っていますが、それは、人類のものの考え方の歴史からすると、きわめて変わった考え方の一つ……にすぎません。そういう考え方を、「唯物主義」と言います。

「唯物主義」は、古代ギリシャの昔からある一つの考え方ですが、その「唯物主義」という考え方が、国全体の〝空気〟を、ほぼ支配しているのは、たぶん現代の日本と、あとは今もわずかに残っている「共産主義」「社会主義」の国々くらいでしょう。日本人は、もうそろそろ、そういう〝古い変わった考え方〟から解放されてもいいころではないでしょうか。

▼「七生説」（安政三年四月十五日）・本文

【体は〝私〟、心は〝公〟】

はてしなく広がる宇宙には、一つの〝理〟がつらぬかれていて、それによって、この世があります。はるかな過去の先祖たちから、私たちにいたるまでつながっている生命には、一つの〝気〟がつらぬかれていて、それによって人の生命があります。

人というのは、その〝理〟を自分の心にし、その〝気〟を自分の体にして、この世に生まれているのです。したがって、体は〝私〟のもので、心は〝公〟のもの……といえるでしょう。

世の中を見てみると、〝公〟のために〝私〟を利用する者もいますが、その一方、〝私〟のために〝公〟を使用する者もいます。前者は、「大人《たいじん》」というべき立派な人物ですが、後者は、「小人《しょうじん》」というべき下劣な人物です。

およそ人というのは、そのようにして成り立っているので、下劣な人物は、体が消滅して〝気〟が消えると、腐りはて、崩れはててしまい、もう二度と、もとに戻ることはありません。その一方、立派な人物は、心が〝理〟とつながっていますから、体が消えて〝気〟が消えたとしても、その人物のうちにある〝理〟は、時間も空間も超えて残り、これまで一度も消えたことがないのです。

かつて私は、こういう話を聞いたことがあります。

「楠公が、まさに討死されようとした時、その弟の正季《まさすえ》をふりかえって、『死んだあと、どうしたいか?』と、お聞きになりました。すると正季公は、こう言われました。『できることなら、七たび人間に生まれて、国賊を滅ぼしたいと思います』。それを聞くと、楠公は、嬉しげな顔で、『私が〝まずにそうしたい〟と思っていたことと、同じだよ』とおっしゃって、二人は刺し違えて亡くなられました」

ああ……、ここで語られていることは、人間を〝理〟と〝気〟ということで考えていった時、はじめて理解できることではないでしょうか。その時代、楠公の息子の正行《まさつら》公や一族の和田正朝《にぎたまさとも》公は、血もつながっていて、心も同じなのですから、〝理〟と〝気〟が、そろってつながっていると言えるでしょう。同じ勤皇の一族である菊池の一族や新田の一族は、血はつながっていないので、〝気〟はつづいていませんが、心は同じなのですから、〝理〟はつながっていると言えます。

こうして考えていくと、こういうことが言えるでしょう。正成、正季の兄弟の魂は、ただ七回生まれ変わる……というくらいのもので終わるはずがない……と。じつは、その人々は、今まで一度も死んでいない、とも言えるのではないでしょうか。

なぜ、そういうことが言えるのか？　ここで私の考えていることを言っておきましょう。

まず、湊川の合戦のあと、忠義で、孝行で、節操があって、正義の心があるという人で、正成の生き方を見て、奮い立たない者など一人もいない、という現実があります。これは、つまり正成のあとに、また正成が生まれ、さらにまた……というぐあいに、ずっと

〝生まれかわり〟がつづいている、ということではないでしょうか。

そう考えると、楠公の〝生まれかわり〟の回数は、もはや数え切れないほどになるでしょう。そのように無数の〝生まれかわり〟がくりかえされているのですから、そもそも、それが、たった七回くらいで、終わるはずがありません。

【なぜ涙がとまらないのか】

私は、かつて東に旅したおり、三度、湊川の楠公の墓所を参拝したことがあります。参拝するたびに、いつも涙があふれて、とめることができませんでした。その墓碑の裏には、大陸の明《みん》国から亡命してきた無官の学者・朱舜水《しゅしゅんすい》の一文も刻み込まれています。その一文を読むと、またもや私は、涙があふれてきて、とめることができませんでした。

いったい、私と楠公の間に、どういう関係があるというのでしょう？　私と楠公は、親子でも親戚でもないのですから、血縁関係から生じる恩をうけているわけではありません。また、言うまでもなく、私と楠公は、先生や友達として親しく交流していたわけでもありません。それなのに、いったいどうして、私は涙があふれてくるのを、とめることができなかったのでしょうか。

さらに考えてみれば、朱舜水は外国の人です。その外国の人が、むしろ日本人よりも、楠公の死を悲しんでいるのです。そして、今度は私が、その朱舜水のことを思い、また悲しんでいるのです。一見すると、これらの現象が起こる理由は、まったく説明できないことのようにも思われます。

しかし私は、そのあとしばらく考えて、先ほどの〝理〟と〝気〟というもので考えていけば、そのような現象の理由が、うまく説明できるのではないか、と考えるようになりました。つまり、楠公も朱舜水も、そして、この私も……、みな宇宙に広がる〝理〟を、自分の心にしていて、それで、〝気〟の関係は何もないけれど、心は、みな一つにつながっているのではないか……、そして、そうだからこそ、私は、いつも涙がとまらなかったのではないか……と、そう考えついたのです。

私は、つまらない人間ですが、聖人とか賢人とか呼ばれる立派な人々と同じ心をもち、忠義と孝行を実践して生きたいと思っています。現実的には、わが国を盛大な国にして、海外から日本を侵略しようとやってくる欧米列強を撃退したい、という理想をもっています。

そういう理想をもちなさい……と、誰から頼まれたわけでもありません。自分で勝手に〝それを実現するのが、自分の使命である〟と考えて生きてきました。しかし、一度目の行動は失敗し、二度目の行動も失敗し……というぐあいで、結果的には、忠義と孝行どころか、その逆の不忠と不孝の人になってしまいました。この点、世間の人々に対して、私は、合わせる顔がありません。

しかしながら、すでに私は、楠公たちと同じ〝理〟を、自分の心にしています。そうであるのに、どうして、私の〝気〟が体にしたがい、やがて腐りはて、崩れはてることで、すべてが終わりになるでしょうか。

私は、私のあとにつづく人々が、私の生き方を見て、必ず奮い立つような、そんな生き方をしてみせるつもりです。そして私の魂が、七たび生まれ変わることができれば、その時、はじめて私は、「それでよし」と思うでしょう。

はたして私に、そういう生き方が可能かどうか……、それは、ひとえに今後の私の生き方にかかっています。そのような思いを込めて、私は、この「七生説」を書きました。

余話

この「七生説」のなかで、松陰は、楠公をはじめとする南朝の忠臣たちについて書いていますが、松陰のその歴史の知識は、いったい何にもとづいているのでしょう? 私が見るかぎり、松陰の文章は、ほぼ頼山陽《らいさんよう》の『日本外史』をもとにしていて、その上で、『太平記』の記述を参考にしているのではないか、と思われます。

『日本外史』は、江戸時代から明治時代にかけてのベストセラーです。ですから、幕末の志士たちの日本史の知識も、多くの場合、この『日本外史』か、あるいは同じく頼山陽の『日本政記』などにもとづいていることが少なくありません。

たとえば、楠木正季の最後の言葉は、『太平記』の原文では、こうなっています。

「ただ七生までも同じ人間に生まれて、朝敵を滅ぼさばや、とこそ存じ候へ」(『太平記』巻第十六)

ここのところが、頼山陽の『日本外史』の原文では、こうなっています。

「願わくは七たび人間に生まれ、以って国賊を殺さん」（巻之五）

松陰は、「できることなら、七たび人間に生まれて、国賊を滅ぼしたい」（原文・「願わくは七たび人間に生れて、以て国賊を滅さん」）と書いていますから、『日本外史』とちがうのは、最後の「滅さん」だけです。

考えてみれば、それもそのはずで……、松陰は松下村塾で、『日本外史』をテキストの一つとして教えているほど、その書物を高く評価していました。しかも松陰は、山陽の子の三樹三郎《みきさぶろう》や孫の東三郎と会い、時勢を語り合って意気投合したこともあるくらいです。

ちなみに、三樹三郎は、のちに松陰と同じく、「安政の大獄」で処刑されています。時に三十五歳でしたから、松陰よりも五歳上です。

ところで、「七生説」の原文には、「正行・正朝の諸子」とあります。「正行」が、楠木正行のことであるのは、言うまでもありませんが、うっかりすると、その流れで「正朝」も、楠木の一族のように思ってしまい、あたかも「楠木正朝」という人物がいたかのように思いがちですが、そのような人物はいません。

いるのは「和田正朝《にぎた》」で、『太平記』のなかでは、「和田新兵衛正朝」などという名前で登場します。「和田」は、現在の歴史学界でも「楠木氏の藩屛的存在《はんぺい》」（井之元春義『楠木氏三代の研究　正成・正行・正儀』）として知られている一族です。

正平三（一三四八）年の「四条畷《しじょうなわて》の戦い」で、楠木正行とその弟の正時は、あたかも湊川の正成と正季の悲劇を再現するかのように、刺し違えて討死するのですが、その二人が討死したあとも、和田正朝と、その弟の和田賢秀《にぎたけんしゅう》（和田新発意《しんぼち》）の奮戦はつづきます。

そのようすを、『日本外史』は、こう書いています。

「和田賢秀は、正朝の弟です。一人で敵軍のなかに紛れこんで、隙をうかがって、高師直《こうのもろなお》を討ち取ろうとしていました。ところが、楠木軍の兵卒であった湯浅という者が敵軍に寝返っていて、賢秀が味方の軍に紛れこんでいるのを見つけます。そして、いきなり後ろから斬りつけたのです。賢秀は、目を怒らせて湯浅を睨みつけたまま討ち取られました。湯浅は、賢秀の最後のようすが恐ろしくてならず、そのあと病気になって死んだそうです。

一方、正朝は、戦況を報告するために帰ろうとしたのですが、敵の一人が『一人で逃げて恥ずかしくないのか』と声をかけました。正朝は、笑ってそれに応えますが、敵は、さらに走って追いかけてきます。こういうことを、何回もくりかえしているうちに、とうとう敵の数騎に追いつかれました。そして正朝も討死したのです」（『日本外史』巻之五）

このようにして、つぎつぎと悲運に倒れていった南朝の忠臣たちは、松陰からすると五百年ほど昔の武士たちですが、松陰は、それらの忠臣たちと自分は、同じ「理」でつながっている……と確信していました。さらに松陰は、「七生説」のおわりの方で、「どうして、私の〝気〟が、体にしたがい、やがて腐りはて、崩れはてることで、すべてが終わりになるでしょうか。私は、私のあとにつづく人々が、私の生き方を見て、必ず奮い立つような、そんな生き方をしてみせるつもりです」とも書いています。

なるほど、のちに松陰の松下村塾からは、高杉晋作や久坂玄瑞などをはじめとして、明治維新をなしとげるために、若い命を散らした志士たちが、次々とあらわれています。そのことを、私たちは歴史を学んで知っているわけですが、ここで、フト……立ち止まって考えてみると、この松陰の言葉は、とても不思議です。

なぜなら……、この「七生説」を書いたころの松陰は、まだ高杉晋作とも久坂玄瑞とも出会っていないからです。松陰が、はじめて二人と出会ったのは、「七生説」書いてから、一年半ほどたってからのことですし（梅溪昇『高杉晋作』）、そして、言うまでもなく松陰は、その二人をはじめとする自分の門人たちが、命をかけた行動を起こして時代を変えていく姿を、生きて見ることなく、刑死しています。

しかし、「七生説」のおわりの方を読むと、まるで松陰には、やがて自分のもとに、そのような若者たちが集まることが、あらかじめ見えていたかのようです。また、そのような若者たちが、ほんとうに歴史を変えていく姿が、あらかじめ見えていたかのようでもあります。

松陰には「未来」が見えていたのでしょうか？　松陰に、そのような「超能力」があった、などという話は聞いたことがありませんが、もしかしたら、人の心が、常人には想像もつかないほどの〝高み〟と〝深み〟に達すると、時としてこの世には、そういう不思議な現象が起こるものなのかもしれません。

ちなみに、今の世の中には、〝不思議な現象〟を一つも認めないというような〝唯物思想〟の人が少なくありません。それが、〝古い変わった考え方〟だということは、すでに申し上げました。

しかし今は、その一方で、〝不思議な現象〟をふりかざし、〝パワースポット〟などに夢中になる人も増えています。私は、〝それも考えものではないか〟と思わざるをえません。

言うまでもなく、信仰そのものは、とても大切なものです。かつてマザー・テレサは、「信仰なしに人生の意味はないでしょう」と語っています（J・チャリハ／E・L・ジョリー編、いなますみかこ訳『マザー・テレサ　日々のことば』）。テレサは、「信仰」とは、一人ひとりの人生に「意味」を与えてくれるものである、と言っているのです。その言葉に、私は深く共感します。

しかし、その言葉に共感すればするほど、近ごろ多く見られる、自分の勝手な願いを神仏にぶつけて、「ご利益《りやく》」ばかりを求めるような「信仰」に、私は疑問を感じざるをえないのです。それは、まるで神仏に向かって「自分に仕えよ」と、命じているようなものではないでしょうか。

それでは、話が〝逆〟ではないかと思います。自分が「神仏に仕える」のが、ほんとうの信仰のはずです。「自分が、自分が」と、自分への「ご利益」ばかりを求める「信仰」は、つまりは、かたちを変えた「利己主義（エゴイズム）」ではないでしょうか。ですから、そのような「自分が、自分が」の「信仰」は、マザー・テレサが語っているような、ほんものの信仰からすれば、むしろ対極にあるものではないか……と、私は思います。

ひと口に「信仰」と言っても、いろいろです。もしも、自分の「ご利益」ばかりを〝求める〟ような、あるいは〝求めさせる〟ような……、そんな「信仰」を見たら、私たちは、たぶん眉に唾をつけた方がいいでしょう。

第二章　死生に対す

第一節　忠か功か――「某あての手紙」（安政六年正月十一日）

前書

安政三（一八五六）年九月、二十七歳の松陰は「松下村塾記」という一文を書いています。これは、松下村塾という「私立学校」の、いわば「建学の精神」を書いたものです。しかし「松下村塾」と言えば、松陰がはじめた塾だと思い込んでいる人が少なくありません。しかし「松下村塾」は、もとは松陰の叔父・玉木文之進《たまきぶんのしん》がはじめたものです。その塾を、これも松陰の親戚にあたる久保五郎左衛門《くぼごろうざえもん》が継いでいます。松陰の「松下村塾記」は、その久保五郎左衛門の「松下村塾」のために書かれたものです。

そのころ松陰は、「野山獄」を出て、自宅で謹慎中の身でした。とはいっても、松陰は、家族や近所の若者たちのための勉強会をつづけていましたから、松陰が自宅で主宰する勉強会と、久保五郎左衛門の「松下村塾」は、一時期、並んで開かれていたわけです。

この二つは、やがて合併されていきます。安政四（一八五七）年の十一月五日、実家の杉家の宅地のなかにある小屋が改造され、新しい塾舎ができました。松陰が主宰する「松下村塾」は、この時はじまったと言っていいでしょう。いわば松陰は、「三代目」の主宰者です。

この松陰の「松下村塾」には、多くの若者たちがつめかけました。そのため手狭になり、翌年の三月には、塾生たちの手によって増築工事が完了しています。それが、今日、山口県の萩市に保存されている「松下村塾」です。そこで、わが国の歴史上、不滅の光を放つ教育活動がつづけられ、幕末から明治にかけて活躍した〝偉人〟たちが、ぞくぞくと育ったことは、今さら言うまでもありません。

ところが、増築工事が終わって、わずか八か月ほどのちの安政五（一八五八）年の十二月五日、松陰は、ふたたび藩から、「野山獄」に投獄する……との命令を受けています。実際に松陰が投獄されたのは、十二月二十六日です。こうして松下村塾は、事実上、閉鎖されます。長州藩は、松陰の、あまりにも激しい政治的言動に手を焼いて、そのような命令をくだしたのです。

ですから、松陰が主宰する「松下村塾」の活動期間は、実質的には、わずか一年ほどにすぎません。その上、その塾の施設は……というと、納屋や古屋を改造したもので、合計しても十八畳半ほどの建物でした。塾生は……というと、ほとんどは〝近所の子供や青年〟です。むろん入学試験があったわけでもありません。

けれども、そこから、歴史に名を残す〝偉人〟たちが、ぞくぞくと育ったのです。この事実から、私たちは、教育というものの、ほんらいの姿を知ることができるのではないでしょうか。教育には、たしかに施設が必要です。また、それなりの期間も必要でしょう。

けれども、ほんとうに大切なのは、教師です。立派な教師さえいれば、たとえ教室がなく、地面に字を書くような授業であろうと、たとえどんなに短い期間であろうと、教育はなりたちます。しかし、立派な教師がいなければ、どんな施設があったところで、どれほど時間をかけたところで、教育はなりたちません。そのことを、「松下村塾」の歴史は物語っています。

松陰は、ふたたび投獄される時に、自分の思いを一つの漢詩（「村塾の壁に留題す」・『戊午幽室文稿』）にたくしています。その漢詩の最後の言葉は、有名です。

「なるほど松下村は小さな村です。しかし、神国・日本を木にたとえるならば、松下村は、その木の幹になると、私は誓います」（原文・「松下陋村と雖《いえど》も、誓って神国の幹《もと》とならん」）

まさに、この言葉は、わが国の歴史上、松下村塾がはたした役割を、一言であらわしたものといえるでしょう。現在、松下村塾のある松陰神社には、「明治維新胎動之地《たいどうのち》」という石碑が立っていますが、まさしくそのとおりで、もしも松下村塾がなければ、明治維新はなく、つまりは、近代的な独立国家としての日本もなかったでしょう。

ところで、せっかく自宅に帰れたのに、なぜ松陰は、ふたたび「野山獄」に投獄されるほどの、激しい言動をとるようになったのでしょうか？　これから、そのことについて、少しご説明いたします。

そのころ、わが国の政治は二つの問題でゆれていました。一つは、外交的な問題です。一般的には、「日米修好通商条約締結問題」と呼ばれています。これは、アメリカとの修好通商条約を結ぶのか結ばないのか、という問題です。この問題で、幕府と朝廷の意見はわかれていました。

もう一つは内政的な問題です。一般的には、「将軍継嗣《けいし》問題」と呼ばれています。これは、十三代将軍・徳川家定《いえさだ》の跡継ぎを誰にするか、という問題です。この問題では、幕府と雄藩の間で意見がわかれていました。

つまり、外交的にも内政的にも、日本の政治は混乱におちいっていたのです。心ある者なら、〝いよいよ日本が危うくなってきた〟と、感じざるをえなかったでしょう。

このような状況を見て、松陰は〝日本は、今や存亡の岐路に立っている〟と深刻な危機感をいだきました。そして、安政五年一月六日に「狂夫《きょうふ》の言」(『戊午幽室文稿』)という長州藩への意見書を書くのですが、そこには、こういう一文があります。

「今の日本の危機は、危機を危機と自覚していないところにあります。危機を自覚していれば、どうして、それを回避する計画を立てられないことがあるでしょう。今、日本が滅びに向かっていることは、もはや確実です。危機といえば、これより大きな危機が、ほかにあるでしょうか」（原文・「天下の大患《たいかん》は、その大患の大患たる所以《ゆえん》を知らざるにあり。いやしくも大患の大患たる所以を知らば、いずくんぞ之れが計を為さざるを得んや。当今、天下の滅びんこと已《すで》に決す。その患、また此れより大なるものあらんや」）

しかし、松陰の心配をよそに、幕府はアメリカの言いなりになって、安政五年六月十九日には、天皇の許可をえないまま、「日米修好通商条約」を締結してしまい、また幕府は、この年の六月二十五日、十四代将軍は紀州藩主・徳川慶福《よしとみ》（家茂《いえもち》）にする……ということも決めてしまいます。そのころ慶福は、まだ十三歳の少年で、国難を乗り切るリーダーシップなど、とても期待できません。これらは、いずれも大老の井伊直弼《なおすけ》が、人々の意見を聞かずに勝手に決めたことです。それを知って全国の志士たちの怒りは、頂点に達します。

もちろん、松陰も激怒しました。そして、この年の七月十三日には、「大義《たいぎ》を議す」という一文を書いて、長州藩の重臣に送りました。

その一文のなかで松陰は、とうとう……こういう主張をするまでになっています。

「これで将軍は、日本の国賊となった。今、幕府を討たなければ、後世の人々から、私はなんと言われるであろう。毛利元就《もとなり》公の神霊も、地下でどう思われていることか」（原文・「征夷は天下の賊なり。今、措《お》きて討たざれば、天下万世、それ吾を何とか謂《い》はん。而して洞春公の神、それ地下に享《う》けんや」）

つまり、松陰は「討幕」を主張しはじめたのです。もっとも、この「大義を議す」の全体を読むと、松陰は、ほんとうは幕府の「悔悟《かいご》」（過ちを悔い改めること）を期待していることがわかります。

ところが、幕府は「悔悟」しません。それどころか、幕府を批判する人々を、権力と暴力で黙らせる政治……、いわば「恐怖政治」をはじめるのです。まずは、井伊直弼を批判していた大名たちが、「隠居」「謹慎」などの処分を受け、九月になると、京都で活動していた志士たちや、その志士たちに協力していた朝廷の内部の人々などが、つぎつぎと逮捕されていきました。世にいう「安政の大獄」です。

このようすを知って、松陰は、とうとう直接行動に出る決意を固めました。そして、

〝過激な行動計画〟を、つぎつぎと立案するのです。このころの松陰の〝過激な行動計画〟とは、具体的にはおよそこういうものです。

①「皇城《こうじょう》守護《しゅご》策《さく》」（大老・井伊直弼が、天皇を彦根に遷《うつ》そうとしているとの情報があり、長州藩の兵を派遣して、それを阻止しようとした計画）

②「水野《みずの》土佐守《とさのかみ》要撃策《ようげきさく》」（紀州藩の付家老で、新宮の城主・水野忠央《ただなか》こそが、井伊直弼の黒幕であると考え、江戸にいた門人・松浦松洞《しょうどう》に暗殺させようとした計画）

③「大原《おおはら》三位《さんみ》下向《げこう》策《さく》」（尊攘派の公家・大原重徳《しげとみ》とその息子を長州藩に迎え、彼らを擁して、長州藩をはじめとする諸藩で挙兵しようとした計画）

④「伏見《ふしみ》獄舎《ごくしゃ》破壊《はかい》策《さく》」（梅田雲濱《うんぴん》らの志士が囚われていた伏見奉行所の獄舎を、門人・赤禰《あかね》武《たけ》人《と》に命じて破壊させ、志士たちを救出しようとした計画）

⑤「老中《ろうじゅう》間部《まなべ》詮勝《あきかつ》要撃策《ようげきさく》」（老中・間部詮勝を、志士を弾圧する元凶と見て、暗殺しようとした計画）

⑥「藩主《はんしゅ》伏見《ふしみ》要駕《ようが》策《さく》」（参勤交代の途中の長州藩主を、伏見から京都に向かわせ、大原重徳たちと合流させ、勅命を奉じて、一挙に幕府の失政を正そうとした計画）

⑦「清末策《きよすえさく》」（長州藩の支藩の清末藩に、有志が結集して、清末藩の藩主を擁して、長州藩に迫ろうとした計画）

（以上、海原徹『吉田松陰と松下村塾』などを参照）

そのほかにも松陰は、さまざまな〝過激な行動計画〟を立てています。しかし、これらはいずれも「策」……つまり「計画」で終わっていて、結局のところ、実現したものは一つもありません。ですから、松陰は死ぬまで、誰も殺しませんでしたし、ましてや実際の戦闘に参加することもありませんでした。ただし、最後の最後に、自分一人を「殺した」……とは言えるかもしれません。

これらの〝過激な行動計画〟のおよその内容は、ここで説明しているとおりですが、すべて立ち消えになっています。しかし、あとあとまで問題にされるものもあります。それが、⑤の「老中間部詮勝要撃策」です。ですから、これからその計画について、少しくわしくふれておきましょう。

そのころ、江戸から京都におもむき、志士たちの逮捕をつづけていたのが、間部詮勝という老中でした。松陰は、その間部を倒そうとしたのです。

事は、尾張、水戸、越前、薩摩の四藩が、大老・井伊直弼を襲撃する計画を立てている……という情報を、松陰がえたところからはじまります。その計画に対して松陰は、〝ならば、長州藩の私たちは、間部詮勝を襲撃しようではないか〟と考えました。

そのころの松陰の手紙には、「同志を集めて、すみやかに京都に上り、間部の首をとり、それを竿《さお》の先にかかげる」（原文・「同志を糾合して神速《しんそく》に京に上《のぼ》り、間部の首を獲《え》て、これを竿頭《かんとう》に貫き……」〔「家大人・玉叔父・家大兄に上る書」・安政五年十一月六日〕）などと、とても勇ましいことが書かれています。松陰の立てた計画に、すぐに門人十七名が賛同しました。彼らの血判状も整いました。ところが、驚くべきことに、そのあと松陰は長州藩に、〝そのために必要な大砲や小銃などの武器を貸してください〟という願書を出しているのです。

松陰からすれば、それは、あくまでも日本を救うための、「已《や》むに已まれぬ大和魂」にもとづく、堂々たる正義の行動計画でした。ですから、そのような願書も平気で出せたのではないか、と思います。

あるいは、松陰は、わざとそのような〝過激な行動計画〟を公表し、それによって、傍観を決め込んでいる藩の政府に〝ゆさぶり〟をかけようとしたのかもしれません。いずれにしても、長州藩の要人たちは、そのころ幕府の「恐怖政治」に、ひたすら身をちぢめて怯《おび》えていたのですから、これは、たぶん聞いただけで腰を抜かすような計画だったでしょう。

「松陰先生には、ともあれ、しばらく静かにしていただくほかない」と、長州藩の要人たちは判断します。ですから、ふたたび松陰を「野山獄」に投獄する、と決めたのです。

その決定を聞いて、「いったい、松陰先生に、何の罪があって投獄するのか」と、入江杉蔵など八名の門人が藩に抗議します。しかし、その門人たちも、自宅謹慎の処分を受けるのです。

こうして松陰は、安政五年の年末、ふたたび「野山獄」に投獄されました。明けて安政六（一八五九）年の正月を、松陰は「野山獄」で迎えます。

年齢は、かぞえで三十歳になりました。これが、松陰が生きて迎える最後の正月となります。

この「某あての手紙」が書かれたのは、安政六年正月十一日です。そのころの松陰は、まだ「老中間部詮勝要撃策」を、あきらめていません。

もちろん、その計画を実行すると、当然のことながら、幕府は、長州藩を「敵」と見なしてくるでしょう。ですから、その計画が実行された時、藩主が江戸にいたのでは困ります。藩主が「人質」にされてしまうからです。そして、結局のところ藩は幕府のいいなりになってしまうでしょう。

そうなったら、せっかくの行動も、何の意味もないものになってしまいます。ですから、松陰は、「老中間部詮勝要撃策」を成功させるには、まず、藩主の参勤交代を中止させなければならない、と考えていたようです。

ところが、一月十一日、そのころ江戸にいた高杉晋作や久坂玄瑞など、松陰が信頼してやまない五人の門人たちから、松陰にあてた連名の手紙が届きます。その内容は、「義の旗を立てて、決起することは、容易なことではなく、かえって長州藩に害をおよぼすだけです」（原文・「義旗《ぎき》一挙《いっきょ》、実に容易ならざる事にて、却《かえ》つて社稷《しゃしょく》の害を生じ候事、必然の儀に御座候《ござそうろう》」）というものでした。

つまり、五人は、「松陰先生、今は決起すべき時ではありません。遠からず、よい時が来ます。今は自重しましょう」というのです。松陰は、自分が信頼していた門人たちが、自分と距離を置きはじめていることを知ります。

その手紙を読んだ瞬間、松陰の心のなかには、激しい怒りと悲しみが満ちあふれたことでしょう。そして松陰は、この日、その思いを誰かにあてた手紙で、激しくぶつけているのです。誰にあてたものなのかは、わかりません。その手紙の後半部分が欠落しているからです。

あるいは、誰に、という特定のあて先はないまま、書かれた可能性もあります。ともあれ松陰は、自分の怒りと悲しみを言葉にして、それを門人たちに広く知らせたかったのでしょう。

この手紙のなかには、こういう有名な一節があります。

「私と彼ら（自重を求める門人たち）のちがうところは、ただ一つ……。それは、私は、ひたすら忠義のために行動しようとしているのに、彼らは、〝その行動を起こすことによって、どのような成果をあげられるのか〟などと、そんなことばかり考えて、結局、何も行動しないところです」（原文・「其の分れる所は、僕は忠義をする積《つも》り。諸友は功業をなす積り」）

松陰は、弘化二（一八四五）年、まだ十六歳の時、「忠」とは、その「実」が大切なのであって、「功名のため」にするものではなく、いくら「功名」があっても、「実」がないものは「忠」ではない……と書いています（「人の忠を問へるに答ふ」・『未忍焚稿』）。その思いは、十四年たったそのころも、まったく変わっていません。

それどころか、ますます純化し、激しくなっています。しかし、純化すればするほど、激しくなればなるほど、松陰の身には、〝死の影〟が近づいてくるのです。

そのことは、たぶん松陰も意識していたでしょう。そして、フト……死を思う時、しばしば松陰の脳裏に浮かんだのは、やはり亡くなった金子重之助の姿だったようです。

▼某あての手紙・本文（安政六年正月十一日）

【死んだ友に恥ずかしい】

今日は、金子重之助くんの命日です。私は獄舎のなかで、おめおめと生きながらえており、あの世の金子くんに対して、恥ずかしくてなりません。

今、長州藩の運命は、大きな岐路に差しかかっているのですから、いっそ長州藩の支藩の清末《きよすえ》藩や岩国藩へ走って、事の重大性を訴えるというのもいいかもしれません。あるいは、恐れ多いことですが、参勤交代の行列をお止めして、殿様に直訴するというのもいいかもしれません。

さて、それらのことについて、藩政府は、どう考えるでしょうか。そういえば、あの参勤交代を止めるか……つづけるか、という議論は、どうなったのでしょう? そのまま放置しておくつもりなのでしょうか。

もしも藩政府のなかで、まだ正論が通る可能性が残っているのであれば、殿さまに、なんとか申し上げる方法もあるはず……と思ってもみるのですが、どうやら、それもムリのようです。前田孫右衛門《まえだまごえもん》をはじめ、その他の心ある人々でも、さすがに役職を捨ててまで、正論を主張することはできないでしょう。

それにしても、何と知恵の浅い者ばかりか、と思います。たとえば、今日、正論を徹底的に主張し、それで役職を失うということになっても、それはそれで、いいではないですか。なぜなら、そうなったら、やがて今の藩政府の悪い官僚たちが失職したあと、〝あの逆境のなかで、彼は立派な発言をした〟という、誇るべき事績が残ることになるからです。

それなのに、誰にもそれができないとは……。まったく、じつにまったく、わが殿さまは、何とご立派なご家来を、たくさん抱えていらっしゃることでしょう。

まぁ……、そんな皮肉を言いたくもなりますが、もちろん、私は〝私一人だけが忠臣である〟などと、言っているわけではありません。私は、ただ誰よりも早く、国のために死んで見せてやろう、と思っているだけです。誰よりも早く、私が死んで見せれば、心を動かして、立ち上がってくれる人もあらわれるでしょう。しかし、私が、そうして見せなければ、どれだけ待ったところで、心ある人々が決起する時など、たぶん永遠にきません。

【忠義とは……】

今、私たちは、国のために正義を貫こうとした結果、まるでこちらから放った火が逆に吹きつけてくるような、激しい政治的な弾圧を受けていますが、この政治的な弾圧は、そもそも誰のせいで、こんなに激しいものになったのでしょうか。言うまでもありません。そうです。私のせいです。

私がいなければ、このような政治的な弾圧は、千年待っても起こらなかったでしょう。しかし、私さえいれば、このような弾圧は、いつでも起こります。

そもそも武士にとって、忠義というのは、どういうものでしょうか。それは、恐い人が出かけたスキに、「やれやれ……、それではちょっと、お茶にしましょうか」というような感じで行うものではないはずです。

もしも私が、周りのようすをうかがって、黙ってしまえば、この政治的な弾圧も弱まるでしょうが、ふたたび私が立ち上がれば、ふたたび弾圧も激しくなるでしょう。これまでにも同じようなことが、何度もくりかえされてきましたし、これからも同じようなことが、何度もくりかえされるでしょう。

そうこうしているうちに、殿さまの参勤交代も終わって、結局のところは何事もなく、長州にお帰りになるかもしれません。しかし、たとえどういう状況になろうと、私が、政治的な弾圧に抵抗しつづけることは、これまでどおりです。

また、そうこうしているうちに、朝廷のご意見も、はっきりするかもしれません。しかしヘタをしたら、立ち消えになってしまうでしょう。どちらにしても、時間がかかりすぎます。私が〝今すぐにでも……〟と思って計画している決起には、とても間に合いません。

桂小五郎（木戸孝允）は、私の無二の同志で、友人でもありますが、昨夜は、そのことについて、話すところまではいきませんでした。今も、残念に思っています。

今、江戸にいる久坂玄瑞、中谷正亮《しょうすけ》、高杉晋作などの友人たちも、私とは意見がちがいます。私と彼らのちがうところは、ただ一つ……。それは、私は、ひたすら忠義のために行動しようとしているのに、彼らは、〝その行動を起こすことによって、どのような成果をあげられるのか〟などと、そんなことばかり考えて、結局、何も行動しないところです。

しかしながら、人というのは、それぞれに長所がありますから、私は彼らを、頭から否定するつもりはありません。しかし、それにしても今の世の中にいるのは、成果をあげられそうな時にしか行動しようとしない……そんな人々ばかりではないですか。

ひたすら忠義のために行動しようとしているのは、私の数名の同志だけです。私たちは、成果をあげるための力は、不足しているかもしれませんが、忠義の心は、あり余るほどあります。

ちなみに、今回の私の投獄について、「いったい、私にどんな罪があるというのか」と、何度も問い返さなかったことは、私の一生の不覚でした。（後文欠）

余話

自分たちの手紙に対して、松陰がこの手紙のような反応をした……ということは、しばらくして高杉晋作、久坂玄瑞など五人の門人の耳に届いたでしょう。もちろん、彼らは「たぶん先生は、お怒りになるだろう」と予想はしていたでしょうが、ここまでキツイことを言われるとは、思っていなかったはずです。

たぶん五人の門人たちは、心のなかで、こう思ったのではないでしょうか。

〝私たちも国を憂えています。もちろん、いざとなったら、決死の行動もいといません。ただし、今は時期が悪いと思います。決死の行動をしても何の成果もあがらないでしょう。ですから、もうしばらく静かにしているべきだと思います……と、私たちは、ただそういうことを申し上げただけなのに、それに対する先生の言いようは、あんまりではないですか〟。

ところが、松陰は、〝成果があがりそうなら行動するが、あがりそうになければ行動しない〟という彼らの発想や態度そのものが、そもそも気に入らなかったのです。松陰からすれば、どのような最悪の状況下でも、というよりは……、最悪の状況下であるからこそ、立ち上がらなくてはならないのです。

〝今こそ誰かが立ち上がらなくてはならない〟と思った時には、その行動によって、何かが変わる可能性が高かろうが、低かろうが……、また、自分たちが生きようが、死のうが……、そんな「結果」などは何も考えず、真っ先に〝自分〟が立ち上がる……。それこそが、松陰の考えるところの、ほんとうの「忠義」の心のある人の姿でした。

この手紙のなかには、こういう衝撃的な一文も見えます。「私がいなければ、このような政治的な弾圧は、千年待っても起こらなかったでしょう。しかし、私さえいれば、このような弾圧は、いつでも起こります」。

松陰は、その翌月から「草莽崛起《そうもうくっき》」という言葉を使いはじめますが、（本書第三章第二節を参照してください）、その考え方の基層にある松陰のものの考え方とは、どうやら、このあたりにあらわれているのかもしれません。つまり、〝誰か、からはじめるのではない。すべては私からはじまる〟という境地こそ、「草莽崛起」という考え方の根底にあるものなのでしょう。

また、この手紙のなかには、こういう一文もあります。

「忠義というのは、どういうものでしょうか。それは、恐い人が出かけたスキに、『やれやれ……、それではちょっと、お茶にしましょうか』というような感じで行うものではないはずです」(原文・「忠義と申すものは、鬼の留守の間に茶にして呑《の》むやうなものではなし」)

松陰にとって、「忠義」というのは、行動そのものであって、「結果」ではないのです。「行動」すなわち「忠義」……というわけですが、これは、現代人には、とてもわかりにくい考え方かもしれません。

むろん、いつの世も、人は、「結果」を気にしがちなものです。しかし、現代人には、とくにその傾向が強いように思われます。ですから、今の日本人は、発言や行動が、慎重すぎるほど慎重になってしまったのでしょう。その結果、現代の日本からは、ほんとうの意味での「自由」が、どんどん失われつつあります。

そういえば、平成二十(二〇〇八)年には、航空自衛隊の幕僚長・田母神《たもがみ》俊雄氏が、「日本は侵略国家であったのか」という一文を発表しただけで、政府から即座に更迭《こうてつ》されています。そのことを考えれば、今の日本には、「言論の自由」があるように見えて、実際にあるのは「〝反日言論〟の自由」だけで、それに反対し、反論する「〝親日言論〟の自由」は、ほとんどないのではないか、という気さえしてきます。

それに、わが国の政府は(自民党政権下でも民主党政権下でも)、「人権」を保護する、擁護する、救済する、などという美名のもとに、じつは自由な言論を封殺するための恐ろしい法案を、かなり前から準備しています。その法律が成立すると、すべての省庁の上に位置する「人権委員会」という、強大な権限をもつ新しい〝思想警察〟があらわれ、すべての国民が、裁判所の令状もなしに出頭を命じられたり、家宅捜索までされたりするようになることは、ほぼ確実なのですが、大手のマスコミは、なぜかその恐ろしい事実を報道しません(『週刊新潮』平成二十三年六月二日号を参照してください)。

今の日本は、そのような「言論の自由」が守られるかどうか……という岐路に立っているのですが、それでも今のところ日本には、ほそぼそと、ではありますが、「言論の自由」が保障されています。ですから、幕末の日本のように、何かを言ったから、書いたからなどと、そういうことで、すぐに投獄されたり、処刑されたり、暗殺されたりする……というところまでは、まだいたっていません。

しかし、幕末という時代は、何らかの政治的な発言や行動が、すぐに自分の「死」へ直結した時代です。ですから、政治の要職にある人が、一つひとつの政治的な発言や行動に、どうしても慎重になってしまうのは、ある意味、やむをえなかったでしょう。とくに安政五年のころは、あの高杉晋作や久坂玄瑞でさえ、「今は決起すべき時ではありません」と言っているのです。ですから、客観的な政治情勢を、冷静に見れば、ほんとうにそういう状況だったのでしょう。

しかし、私には、この時の松陰の気持ちが、ほんの少しだけではありますが、わかるような気がするのです。私ごとで恐縮なのですが、私は平成十一（一九九九）年十一月一日に発売された『正論』（平成十一年十二月号）という雑誌に、名前と肩書きを明らかにして一文を寄せ、日教組の構成団体の一つである三重県教職員組合（三教組）が、長年、組織ぐるみで行っていた不正を告発したことがあります。

三重県の公立学校の多くの教員たちが、長年にわたって、学校で一日中勤務しているように見せかけながら、じつは学校を抜け出して組合活動をし、それでいて一日分の給与をもらっているという不正が、戦後、長くつづいていました。そのことを知った私は、がまんがならず、それこそ「已《や》むに已まれぬ大和魂」で、その事実を全国的な月刊誌で告発したのです。

私の指摘をもとに三重県の教育委員会が調べたら、過去三年で、県下の小学校から高校までの公立学校のすべての教員のうち、三分の一が、勤務時間中の組合活動（いわゆる「ヤミ専」）に手を染めていました。国や県から〝だまし取った税金〟は、過去三年で約十一億円にものぼることが明らかになって、全国的にも大きな問題となりました。

結局のところ、三重県教職員組合は、過去三年分の〝だまし取った税金〟である約十一億円を、国と県に返還することになりましたが、最後の最後になって、「返還」という言葉が、スルリと「寄付」という言葉に化けたのです。そして、とうとう三重県教職員組合は、国民や県民に対して、一言も反省も謝罪も表明しないまま、この一件を終わらせてしまいました。

しかし、長年そのような不正が行われてきたということは、三重県の教育関係者なら、じつは昔から、みんな知っていたことだったそうです。けれども、それまで一人も、そのことを告発せず、したがって、その不正が是正されることもなく、数十年の歳月が流れていました。

巨大な資金力と集票力をもち、教育界は言うまでもなく、政界や官界にまで、強い力をもっている三重県教職員組合の前では、明らかな不正も、長年〝なかったこと〟にされてきたわけです。そこで、私が勇気をふるって、その不正を雑誌で告発しようとしたわけですが、そのころ、私は、ある年長者から、このように自重を求められました。「今は学校現場で、サヨク的な全共闘世代が力をもっているが、あと数年待てば、彼らは退職する。その時になって行動を起こした方がいい」。

そして、いよいよ雑誌で告発したら、今度は別のある年長者から、このような叱責を受けました。「皇學館大学に日教組から抗議の手紙が来ているらしい。ただでさえ今は、少子化で地方の私立大学の学生募集は、どこもたいへんなのに、そんな時に日教組を敵に回したら、どんな嫌がらせを受けるかわからない。大学のことを考えるなら、もう日教組の批判を書くな！」。

しかし、約十一億円の「寄付」という、そのような大騒ぎのあと、三重県の公立学校では、何十年もつづいていた勤務時間中の組合活動が、ピタリとなくなったのです。つまり、数十年もつづいてきた国民の貴重な税金の〝巨大な不正流用〟を、止めることができたわけです（もっとも、近ごろになって、また性懲りもなく「勉強会」という名目で、コッソリと勤務時間中の組合活動を復活させている学校がある、という噂も聞いていますが……）。

ともあれ、もしも私が、あの時、そういう年長者たちの言葉を受け入れたり、叱責に屈したりしていたら、たぶん三重県教職員組合は、何の反省もしないまま、今も堂々と不正をつづけていたでしょう。ですから今思えば、あの時が、たぶん「天の時」だったのです。

この一件を詳しく記録したのが、私の『いいかげんにしろ日教組』という著書ですが、そのなかで、私は、こういうことを書いています。

「人は、よく『天の時』という。しかし、人はあらかじめ『天の時』を知ることはできない。それはふりかえった時にはじめて見えてくる。行動を起こした者が、追憶のなかでの

みそれを知るのであろう」（二九九―三〇〇頁）

もう十年以上も昔の話になりましたが、あのころの自分の孤独な決意を思い出すたび、私は今でも、「僕は忠義をする積り。諸友は功業をなす積り」という松陰の言葉が、心によみがえります。今の日本にも、このような松陰の言葉に励まされつつ、世のため人のため、自分なりの「忠義」を尽くしている方は、私以外にも、たくさんいらっしゃるはずです。

ちなみに、そのころは、松陰の過激な行動をいさめていた高杉晋作、久坂玄瑞などですが、松陰の死後、まさに彼ら自身が「僕は忠義をする積り。諸友は功業をなす積り」という精神で、政治活動をはじめ、やがて悲運のうちに若い命を散らしていきます。

もしかしたら松陰の門人たちは、自分たちが決死の行動をつづけてみて、はじめて松陰のその言葉のもつ、ほんとうの意味が理解できるようになったのかもしれません。

第二節　三人の亡き友——「三人の亡き友を慰霊する文の序」（安政六年三月中旬）

前書

安政六（一八五九）年正月、高杉晋作、久坂玄瑞など五名の門人からの手紙が届いたころ、他の藩の二人の志士が、長州藩に動いてもらおうとして萩を訪れ、藩の重役たちとの面会を求めます。しかし、長州藩は、彼らを門前払いにしてしまいました。

松陰にすれば、〝わが藩は、このような日本の危機に際しても、まだ傍観を決めこむつもりか……〟という歯がゆい思いだったでしょう。その上、そのころは、信頼する多くの門人たちからは距離を置かれていましたし、そうでない少数の門人たちは、松陰の投獄について藩に抗議したために、謹慎処分にされているという状況でした。

まさに〝八方ふさがり〟です。松陰は、思いつめます。

そして、一月二十四日の午後から、松陰は、〝抗議の絶食〟をはじめるのです。それを聞いて、松陰の母（瀧）からは〝情〟を尽くした手紙が、また叔父・玉木文之進からは〝理〟を尽くした手紙が、それぞれ届きます。いずれも絶食の中止を求めたものでした。

そのあと、自宅謹慎の門人たちが許されたこともあって、松陰は絶食を中止します。

ちなみに、先に長州藩から門前払いにされた他の藩の二人の志士は、「藩主伏見要駕策」という行動計画を松陰に伝えていました。「藩主伏見要駕策」とは、参勤交代中の長州藩主が京都に近づいたら、伏見でその駕籠《かご》を止め、強引に「尊皇攘夷」の志をもつ公家・大原重徳たちと合流させて、勅命を奉じて、一挙に幕府の失政を正そう……という計画です（本章第一節を参照してください）。

松陰は、その計画を実現しようと夢中になります。しかし、もう松陰についてくる門人は、ほとんどいませんでした。

最後まで松陰の指示にしたがって、命をかけて行動しようとした門人は、わずか二人しかいません。入江杉蔵（九一）と、その実の弟の野村和作（靖）です。

はじめに松陰の計画を実行しようとしたのは、杉蔵でしたが、弟の和作が、兄にかわって二月二十四日、決死の覚悟で京都に向かいます。しかし、そのあと、松陰のその計画は発覚しました。

杉蔵は、すぐに「岩倉獄」に投獄されます。そして和作は、長洲藩の政府から、追っ手を差し向けられるのです。

和作は、なんとか京都に着きますが、今度は、頼みにしていた公家が動きません。さらには、先に「藩主伏見要駕策」を提案した他藩の二人の志士たちも、「もはやその計画の実行は不可能」という意見でしたので、進退きわまった和作は、京都の長州藩邸に自首しました（「自首」というところが、どこか「下田踏海事件」と重なります）。

和作は萩へ送り返され、三月二十二日、すでに兄が入っていた「岩倉獄」に投獄されます。杉蔵と和作の兄弟が投獄されたのは、いうまでもなく、かつて金子重之助が入っていた、あの「岩倉獄」です。

たぶん、この三月末ごろの松陰の気分は、最悪のものだったと思われます。このころの松陰の手紙には、〝自暴自棄〟ともいえる言葉が、たくさん見られます。たとえば、このようなものです。

「尊皇攘夷の夢も、もはや消えはてました。同志にも、少しも頼みになる人物はいません。長州藩も、もうどうしようもありません。私は今、わずかの間も、生きていることが、メンドウになりました」（原文・「勤皇、今日切りと思ふべし。同志中にも然るべき人物一人も見え申さず。長門も最早《もはや》致方《いたしかた》なし。片時も生きて居る事、うるさく存じ候」〔野村和作・入江杉蔵あての手紙・安政六年三月二十六、二十七日〕

「私は、もう一日も、この世にいたくありません。早く死刑にしていただきたいので、どうか、そうなるよう、周りの方々にはたらきかけてください」〔原文・「吾、一日も此の世に居る事を欲せず。早々、一死を賜り候様、御周旋《ごしゅうせん》下され度《た》く候」〔木島・小田村・桂・久保あての手紙・安政六年三月二十六、二十七日ごろ〕

「早く死刑にしてもらわなければ、この悲しみにはたえられません。……父母も親戚も、私のことを狂人として扱っていただいて、けっこうです。私は、みなと絶交します」〔原文・「早く一死を賜はねば、何とも感傷に堪ぬ。……父母・親戚、皆狂人もて遇せらるるも覚悟、絶交の由《よし》を明告すべし」〔小田村・久保・久坂あての手紙・安政六年三月二十九日〕

まるで心から鮮血を流しているかのような、このような松陰の姿を、周りの人々は、ただハラハラしながら見守るしかなかったと思います。それもこれも、考えてみれば、松陰が「自分の国」の未来を、心の底から心配するあまりのことでした。

自分のことや、自分の家族や職場のことなら、今の人でも、そこまで思いつめる人は少なくないでしょう。しかし、「自分の国」のことで、ここまで思いつめることのできる人など、さすがに幕末という時代でも、それほど多くいたとは思えません。

そのような、いわば〝心から鮮血を流している〟状態のなかで、松陰は、すでにあの世にいった（もしくは、松陰が「あの世にいった」と思っていた）友たちを慰霊しています。

その時の心境を示しているのが、これからかかげる「三人の亡き友を慰霊する文の序」（原題・「三亡友を祭る文の序」）という一文です。

▼「三人の亡き友を慰霊する文の序」（安政六年三月中旬）・本文

かなり早くから私は、この世とあの世の、もとにあるものは何か、と考えてきました。その結果、私は「理」と「気」の交わりということについて、深く考えるようになり、かつて「七生説」というものを書いて、自分の考えを整え、自分を戒めたことがあります。

自分で言うのも何ですが、あの「七生説」に書いた理屈で考えていくと、いろいろな現象が、よく説明できるように思うのです。それに、あの一文は、論理もはっきりしていて、読む人の心を動かす力もあるようで、全体的に過不足なく書けているように思います。

このごろ私は、またもや失敗して、野山獄に入れられました。時として、心が折れそうになるのですが、そのような思いのまま、床につくと、かならず夢のなかに、今は、もう……この世にいない友人たちがあらわれます。その友人たちの姿は、生きている時と何もかわりません。生きている時、学問的、思想的なことで、厳しく指摘したり、励ましたりしてくれた言葉は、今も光り輝いて、私の心のなかに残っています。私はそれらの言葉を、けっして忘れないつもりです。

そのようにして、私はそれらの友人たちのことを思い出しては、ふたたび心を奮い立たせ、激しく気持ちを高ぶらせます。そして私は、自分が今は亡き友人たちを裏切るような生き方をしてしまうことを、何よりも恐ろしいと思うのです。

黙霖《もくりん》さんは、容易に人に妥協したりせず、強く固い思想をもっていた人でした。その点では、漢のころの梅福《ばいふく》や、宋のころの陶潜《とうせん》（陶淵明《とうえんめい》）を超えていたと言っていいでしょう。そうであるのに、その上、ご本人は、殷《いん》から周《しゅう》のころの伯夷《はくい》、叔斉《しゅくせい》のように生きたいと願っていました。今の世の人ではないような……そんな人でした。

月性《げっしょう》さんは、気性が強く、さっぱりとした人で、困った人々を救うことにかけては、独特の才能がありました。立場は僧侶という、俗界からはなれたところに置いていましたが、その志は、国内の政治を立て直すところにありました。

要するに、この二人の人物の風格や気節、また才能や思慮は、私などとは比べものにならないほど、すばらしいものでした。それなのに、この二人は、私を対等な友人として扱ってくれましたし、私を大切に思ってくれる心は、ほんとうに深いものがありました。

金子重之助くんは、私より一歳若い人でしたが、なかなか学問がすすまず、そのため私を〝師友〟として、あおいでくれました。そうはいっても、金子くんには、いわば勇猛果敢とでも言うべき〝気性〟があって、何事においても激しい勢いで人に迫る力をもっていました。

また、金子くんは、私と行動をともにして、私と同じ罪をえた人です。ですから、お互いにお互いを大切に思う……という点では、私と、いちばん深い関係であったといえます。

金子くんが若くして亡くなったことを哀しんで、かつて黙霖さんも月性さんも、その死を悼む詩歌や文章などの作品を、私に寄せてくれたことがあります。それらの作品は、しっかりと保存してあります。

しかし、その二人も、すでにこの世の人ではありません。私が、どうにかならないかと思っても、もう、どうにもならないことです。

ただ私は、ひとりで寝ている間は、彼らの姿が近くにあるような気がしています。そして、今も会っているかのような気がするのです。考えてみれば、あの世もこの世も、じつは一つのものではないでしょうか。「理」も「気」も、じつは一つに通じているものではないでしょうか。

亡くなった人は、じつは今も〝死んではいない〟ように思われます。つまり死んだ人も、じつは、今も〝生きている〟のかもしれません。

ですから、死ぬことも生きることも、もともと哀しむ必要はないものなのでしょう。むしろ、彼らは、もう神さまにも通じる世界にいるのでしょうから、まことに羨ましいかぎりです。

私は、ここまで考えてきて、ますます「七たび生きる」という考え方が、〝ほんとうにそのとおりである〟と悟りました。「理」も「気」も、じつは一つに通じている……ということなどは、前に書いた「七生説」では、まだ考えおよばなかったところです。

今、文章を書いて、それぞれの人の魂を、お祭りします。今、ここで私の書いた文章に、誠の心がこもっていないのであれば、三人の友人の魂は、この私の慰霊を、受けることはないでしょうが、たぶん三人の友人は、私の慰霊を、こころよく受け入れてくれることでしょう。

余話

ここにあらわれている「三人の友」というのは、金子重之助と、月性と、宇都宮黙霖です。確かに、これまで言ってきたように金子重之助は、安政二（一八五五）年一月に二十五歳で亡くなり、また、月性という僧侶は安政五（一八五八）年五月に四十二歳で亡くなっています。

ちなみに、月性というと、よく「西郷隆盛といっしょに海に身を投げたお坊さん？」と、カンちがいする人もいますが、あちらは「月照《げっしょう》」で、こちらは「月性」、まったく別の人物です。こちらの月性の方は、周防国《すおうの》の僧侶で、国防問題に熱心だったので、そのころ世間から「海防僧」とも呼ばれ、松陰とは、とても親しくしていました。

月性は、こういう漢詩で有名です。

「男が志を立てて、故郷を出たのだから、もし学問が成就しなかったら、けっして故郷に帰ってはこない。自分の骨を埋めるのに、何も故郷の地でなくてもよかろう。なぜなら、世の中には、いたるところに緑の美しい山がある。自分の遺体は、それらの山のどこにでも葬ってもらえばいいのだから……」（原文・「男児、志を立てて故郷を出づ。学、もし成るなくんば、また還らず。骨を埋むる何ぞ期せんや墳墓《ふんぼ》の地。人間、いたる処、青山《せいざん》あり」・三坂圭治監修『維新の先覚　月性の研究』）

ちなみに、「西郷隆盛といっしょに海に身を投げたお坊さん」の方の「月照」は、京都の清水寺《きよみず》の僧侶です。「安政の大獄」で幕府に追われ、薩摩に逃れたものの、進退きわまり、安政五年十一月十六日、西郷とともに真冬の錦江湾《きんこう》に身を投じて、四十六歳で死去しています。この時、西郷だけが息をふきかえし、助かりました。私には、西郷と月照、松陰と重之助という二組の関係は、どこか似たところがあるように思われます。

松陰も西郷隆盛も、〝同志の死〟という精神的な試練を受けたところは同じです。そして、その苦しみのなかから、それまでとはちがう新たな段階に、人格の変容をとげていったところも、同じではないかと思います（拙書『［新訳］南洲翁遺訓　西郷隆盛が遺した「敬天愛人」の教え』を参照してください）。

歴史は、歴史上の人物たちの〝外側の事実〟を追っているだけでは、わからないところが多いものです。ほんとうは、それらの人々の〝外側の事実〟とともに、〝内側の事実〟もあわせて考えていくことで、歴史は、はじめて深く理解できるものではないでしょうか。


さて、「三人の友」に話をもどしますが、問題は、安芸国《あきの》の僧侶・黙霖です。じつは黙霖は、この時、まだ死んでいません。

死んでいないどころか、黙霖は、明治三十（一八九七）年九月まで長生きして、七十四歳で死去しているのです。どうやら、安政六年三月ごろ、松陰の周りでは、黙霖が死去したという噂が流れていて、松陰は、その噂を信じ込んでしまったようで、そのまま、この世を去っています。

ちなみに、安政三（一八五六）年八月、萩を訪れた默霖が、松陰と手紙のやり取りをしつつ、大論争をくりひろげたことは有名です。なぜ萩まで来ていながら、手紙のやり取りなのか……というと、一つの理由としては、そのころの松陰が、自宅謹慎の身で、来客と会うことを禁じられていたからでしょう。

もう一つの理由としては、默霖が、耳が聞こえず、言葉もうまく発することができない不自由な体であった、ということもあるはずです。ですから、むしろ手紙でやり取りする方が、正確に意見を交わすためには、好都合だったということもあるでしょう。

この時の論争は、松陰の政治や歴史に対する考え方に、大きな影響を与えます。たとえば、その論争のあと松陰は、こういうことを書いています。

「これまで私は、皇室のことを心配していました。しかし私には、その前に、外国人の横暴への怒りがあったのです。それが、皇室を憂える心に向かっていったように思います。考えてみれば、それでは本末転倒です」（原文・「従前、天朝を憂へしは、みな夷狄に憤をなして見を起こせり。本末、既《すで》に誤れり」〔「又読む七則」・『丙辰幽室文稿』・安政三年十一月二十三日」）

とうとう二人は、一度も、直接会わないまま別れましたが、以後、松陰は、默霖に対して、深い敬意をいだくようになりました。

そういうわけで……、このころ、松陰は、ほんとうに亡くなった二人に、まだ亡くなっていない一人を加えて慰霊をしているわけですが、松陰がこのようなカンちがいをしてしまったのも、むりはありません。萩での論争のあと、默霖の消息は、ぷっつりと途絶え、現在の研究者も、そのあと、八年間の消息を明らかにすることができないのです（川上喜蔵編著『宇都宮默霖　吉田松陰　往復書翰』）。

幕末のころの情報伝達の速度と正確さは、今の人たちが思っているよりも、かなりすぐれたもの……ではあります。しかし、それでも、やはり限界があります。

たとえば、元治元（一八六四）年、默霖は、松陰の伝記を書いていますが、そのなかで默霖は、松陰が「文久某年」に江戸の藩邸で切腹して死去した、と書いているのです（知切光歳『宇都宮默霖』）。むろん、これは何から何まで、事実とは大きくかけはなれています。

松陰が刑死して五年たっても、これほど誤った情報が、堂々と書き残されているわけですから、この時代の歴史を書くためには、よほど確かな史料をもとにして、慎重に書いていかないと、とんでもない事実誤認をしてしまうでしょう。その点、私も、みずからを戒めていきたいと思います。

第三章　死生を悟る

第一節　死は誉れ――野村和作あての手紙（安政六年四月二日）

前書

兄の入江杉蔵（九一）につづいて、弟の野村和作（靖）も、「岩倉獄」に投獄されますが、この兄弟には、気になってしかたがないことが一つありました。それは、病弱な母・満智（満智子）のことです。

そもそも、なぜ実の兄弟でありながら二人の苗字はちがうのでしょう？　二人の父・入江嘉伝次は、もともとは野村家の人でしたが、入江家に養子に入りました。次男として生まれたのが、和作です。そのため、和作が野村家を継ぐことになって、それで苗字がちがうのです。

入江家も野村家も、いずれも貧しい家でしたから、二人は小屋のような入江家で、いっしょに育ちます。年齢は、五歳ちがいです。二人の父は安政三（一八五六）年に「脳充血」のために亡くなり、あとには二人の他、一人の妹が残されます。

この三人を育てたのが、母の満智です。しかし、二人が松陰のもとで志士としての活動をはじめたころは、その母も、もう体が弱り、病気がちでした。

「藩主伏見要駕策」を実行するため、自分一人でも京都へ行こうとした杉蔵でしたが、生きて帰れる望みは、ほとんどありません。そこで弟の和作は、「お兄さんは、母や妹の面倒をみてください。その仕事は、私がやります」と兄に言います。

京都への旅費は、母に許しをえて、家の財産を処分して、「二十金」を用意していました。たとえ貧しくとも、日本のためなら、みなが自分たちの財産を処分することに合意する家族がいる……、そして大切な息子を、生きては帰れないかもしれない旅に送り出すことができる母もいる……、これが明治維新という奇跡のような政治改革を、国の底から支えた日本人の心意気です。

しかし、せっかく兄にかわって和作が旅立ったのに、兄の方が先に投獄されてしまいます。その上、「藩主伏見要駕策」も発覚して、和作も、追っ手をかけられ、投獄されてしまうのです。

いったい母は、どんな心境だったでしょう？　兄の杉蔵が投獄される時の、満智の言葉が伝えられています。


「松陰先生すら、投獄されているのです。だから、おまえたちに、今度のようなことがあっても、私は何も不思議なことだとは思いません」（原文・「吉田先生すら、且獄《かつ》に在《あ》り。汝輩、此般の事あるは、怪《あや》しむに足らず」〔野村靖『追懐録』〕）

そのように気丈にふるまっていた母ですが、杉蔵が投獄されたあと、三日間は、立ち上がることができなかったそうです。

そのあと、和作も投獄されますが、藩政府は、獄舎で支給される二人の食事の費用を出しません。その費用は貧しい母から取り立てられたのです。松陰は、母を励ますため、品川弥二郎を使いに出しますが、その時、母は弥二郎に、こう言ったそうです。「年をとってから子供と別れて暮らすこととなり、正直なところ、まことに力を失っております。出費も、私には支えきれないほどです。けれども、もしも杉蔵が病気になったら……と考えます。そうすると今は、ともあれ元気なのですから、まだましです。そう考えて、自分を励まし、ただ二人が病気にならないことだけを、祈っています」(「江母の事を記す」・『己未文稿』・安政六年四月一日)。松陰は、弥二郎からその言葉を聞くと、激しく泣いたそうです。

その母に、松陰は手紙を書いています。杉蔵が投獄されて、しばらくして書かれたものですが、それは、このように書きはじめられていました。

「あなたのお子さま方は二人とも、お気の毒なことになりました。これも私の指導がよくなかったからではないか、とも思います。しかしながら、今回の一件は、天皇さまの大事にかかわることです。ですから、私たちは、国のために一命をさしあげなくてはならない道理があります」(入江満智あての松陰の手紙・安政六年三月十一日)

現代人からすると、とても厳しい〝覚悟〟を迫った手紙というほかありません。こういう松陰の「無情」な側面について、晩年の和作（靖）は、こう語っています。

「先生は、とても人情にあつい人で、人に接する時は、とても温和な方でしたが、その人情のきわまるところ、逆に無情のことを、あえてやることも辞さない方でした。つまり、大義のためには、同志を殺し、自分の身を殺すことも平然とできる方だったのです」（「吉田松陰先生の神髄」・『日本及日本人』臨時増刊・吉田松陰号）

もっとも、そうは言いつつも、松陰は、入江家の母の経済状況が、よほど気になっていたようです。自分の「頼母子講《たのもしこう》（今でいう積み立て貯金のようなもの）」を取り崩して、二人の母に渡すことはできまいか……と、親戚の久保清太郎に手紙で相談したりもしています（安政六年三月二十四日）。松陰という人は、生涯、大胆な言動をしつづけた人ですが、その一方で、そのような細かい配慮もしつづけた人なのです。

ちなみに、満智は、明治三十六年八十九歳で没するまで、先の松陰の手紙を大切に保存していました。そして、最晩年にいたるまで、天皇陛下と旧藩主と「吉田先生」の「恩澤」に感謝している、ということを息子の靖に語っていたそうです（入江満智については、拙稿「二人の息子を尊皇の志に捧げた入江満智」〔『別冊　正論』第十六号〈わが子に語りたい知られざる日本人の物語／産経新聞社・平成二十三年〉〕を参照してください）。

いずれにしても、杉蔵と和作の兄弟、その母の満智、そして松陰という、この四人の話は、明治維新という〝奇跡〟のような政治改革を実現した人々の心が、どのようなものであったのか……ということを、よく伝えています。四人のなかで〝自分のことだけ〟や〝自分の家族のことだけ〟を考えている人は、誰もいません。

それどころか、四人はともに、ひたすら皇室と日本の未来を第一に考え、自分の苦しみや悲しみにたえつつ、その上、みずからの命も、あるいは愛してやまないわが家族の命まで、危険にさらすことをいとわない人々でした。現代人には、ほとんど理解できない心のあり方でしょうし、ましてや、それらの人々の間の心の〝絆〟は、もっと理解できないでしょうが、一人ひとりの心のなかに、そのような〝奇跡〟のような高い意識があったからこそ、明治維新という〝奇跡〟のような政治変革も実現したのでしょう。

考えてみれば、このような人々の、厳しくも涙ぐましい一人ひとりの人生の上に、今の私たちの自由で豊かな生活があります。私たちは人として、せめてそのことだけは、忘れてはならないでしょう。

ちなみに、これからかかげる手紙のなかで、松陰は「あなたが大坂で死ななかったことについて……」と、くりかえし書いています。これは、和作が、進退きわまったあと、しばらく大坂で潜伏していた時、京都の長州藩邸からの捕り手が来たあと、自首したことをふまえて、そう書いているのです。

▼野村和作あての手紙（安政六年四月二日）・本文

【金子重之助は、死なず】

あなたは、たとえ自分一人ででも、死ぬ覚悟が定まったそうですね。それを聞いて、私はまことに感心しています。私は、同志と呼べる人物を求めつづけて、もう数年もたちますが、なかなか見つかりませんでした。けれども私は、今はじめて、あなたという同志をえました。

〝金子重之助は死んでいなかった〟ということです。うれしく、ありがたいことと思います。

しかし、そうはいっても、荘子は、こう言っています。「死生は、人生の大事件である（そうであるからこそ、死生につながる進退は、あくまで慎重でなくてはならない）」。この一言は、ほんとうに正しく、まことに戒めになる言葉です。「死」について、じっくりと考えた上で、さらに考えて、私たちは少しも心残りのない心境で、死んでいけるようにしなければなりません。

宋の謝枋得《しゃぼうとく》は、「怒り、嘆きつつ死んでいくのは、かんたんなことであるが、ゆったりと、落ち着いた心境で死んでいくのは、むずかしい」と言っています。この言葉も、また味わいのある、よい言葉ではありませんか。

戦場で戦い、その戦いの興奮のなかで戦死する……などということは、じつはかんたんなことなのですが、今回のようなかたちで死んでいくのは、とてもむずかしいことです。なにぶん、お互い、自分自身のことですから、しっかりと考えておきましょう。

ところで、今、あなたは、どんな心境でいるのか……ということについて、私が、考えているところを、ためしにこれから、一つひとつ言ってみます。「あたっている」のか「あたっていない」のか……、どうか答えてください。

あなたが大坂で死ななかったことについて、あなたは、「一人で切腹するのはいやだったので、死ぬべき時を待つことにしました」と言いました。この言葉は、とても正直な言葉だと思います。あなたが、義のために死ぬことのできる男だということは、この言葉からも明らかです。ほんとうに、あえてムダ死にしてみせるのは、とてもむずかしいことです。

先ごろ私は、絶食して死のうとして、結局のところ死ねませんでしたが、それも、そういうことです。水戸藩の桜任蔵《さくらじんぞう》は、「死ぬのは、やさしいことであるが、ムダ死にはしない」と言いました。わが長州藩の同志たちも、みんな、そのようなことを言っていますが、これらは、すべて大ウソです。何が「死ぬのは、やさしいこと」でしょうか。

言うまでもなく、命は二つとないものなのですから、死ぬのは、むずかしいことのなかでも、もっとも、そう……もっともむずかしいことです。そうであるからこそ、私たちは〝今、ここで死ななければならない理由〟を、よく自分で納得しておかなければなりません。

そのようにして、よい死に方さえできれば、それは無益な死ではなくなります。かならず、〝世の中の役に立つ死〟になるでしょう。今回、このまま私たちが死ねば、その死はかならず〝世の中の役に立つ死〟になると、私は思っています。くわしいことは、また、あとで書きます。

【落ち着いた心境で死んでいく……ということ】

あなたは、そもそも今回、〝大坂で死のう〟という志があったわけではないでしょう。かといって、〝萩に帰って死のう〟という志があったわけでもありません。

〝時を待とう〟と思っていたのではないですか？　すべてが終わったあとになって、あなたは私に、こう言いました。

「私は、大きな機会を失って、殿さまに〝不忠〟をはたらいてしまいました。忠義のはたらきをして、これまで親不孝をしてきたことや、先生の期待にお応えできなかったことなど、すべてを償《つぐな》おうと思っていたのですが、それもできませんでした。もう今の人生に、望むものはありません」

そう言った時、あなたの〝死の志〟は、ようやく、はっきりと定まったのです。

しかし、残念ながら、あなたのその〝死の志〟は、かんたんに崩れ去るものではないか、と私は思っています。なぜなら、それは、ただ〝自分の失敗を悔しがって死のうとしている〟にすぎないからです。やがて誰かから、「今、死んでしまったら、忠義を尽くすことはできないし、また、親不孝にもなり、さらには先生のご期待に、お応えすることもできなくなるのではないですか。それでは、ただ罪を重ねるにすぎない、ということになりませんか……」などと言われたら、どうですか？　たぶんあなたは、何も言い返せないで、黙るだけでしょう。

ということは……、あなたの今の〝死の志〟は、先ほどの「怒り、嘆きつつ死んでいく」ことと、じつは同じなのです。あの時、あなたは、大坂でなら、そのまま死ぬこともできたでしょう。しかし、もはや、萩に帰ってきているのですから、そのような死に方ができるはずもありません。

この状況では、「ゆったりと、落ち着いた心境で死んでいく」という道しかないはずなのに、まだ以前の心境が変わっていないのなら、あなたには、まだ「ゆったりと落ち着いた心境で死んでいく」ことなど、とてもとても、できはしないと思います。

あなたは、昨日の手紙のなかで、こう書いていました。「神国・日本の興隆のため、私は、とりあえず何を目標にしたらいいのでしょうか。もう私は、一日も、ムダに生きていたくありません」。

これは、あなたの以前の言葉より、ずいぶん進んだものです。そういう心境になっているのであれば、もう、あなたは、国のために死ねるでしょう。

【〝高い理念にしたがった行動〟と死】

しかしながら、その上で、さらに考えてほしいことがあるのです。私は今、考えていることが、一つあります。

今、私たちが死んだら、お互い、天皇さまに忠義を尽くすという〝高い理念にしたがった行動〟のはての死……ということになるでしょう。しかし、私たちが、あと数十年も長生きしたらどうでしょう。

もうそのころには、天皇さまに忠義を尽くすという〝高い理念にしたがった行動〟など、何もできない世の中になっている……かもしれません。そのような世の中で、自分ひとりだけ、まちがったことを何ひとつせず、〝正義を曲げた人〟にもならずに生きていく……ということは、とてもむずかしいことでしょう。

たとえば、ある婦人がいたとします。そして、そのご主人が〝高い理念にしたがった行動〟のはてに死んでしまった……としましょう。

もしも、二人のあいだに幼い子供が残されていたなら、どうでしょう？　その婦人は死んではならない……というのが、世間一般では、道理とされています。

しかし、明の楊椒山《ようしょうざん》は、〝高い理念にしたがった行動〟のはてに処刑され、その遺体が市中にさらされますが、その時、夫人は夫のあとを追い、首をつって死にました。ですから、子供がいなければ夫に殉じるというのも、それはそれで、道理にかなったことといえるでしょう。

また、かりに二十歳前後の美しい女性が、夫を亡くしたとします。その女性が、夫の死後も再婚せず、貞節を守るというのは、じつにむずかしいことです。たとえ、そのむずかしい生き方を、がんばってつづけていたとしても、たった一度でも、よこしまな心で、男と情を通じてしまったら、どうでしょう？　もうそれで、〝亡き夫を裏切った〟ということになってしまいます。

そういう悪いことをしていながら、世間に向かっては、そ知らぬ顔をして〝私は貞節を守っている未亡人です〟などと誇ってみても、そんな女性を、神々やご先祖さまたちは、けっして許しません。その罪の深さを思えば、おそろしくて、身の毛がよだちます。

今のたとえでいえば、あなたも私も、その美しい女性のようなものです。今回、死ぬことができないまま、これからずっと生きて、私たちの節操を守りつづけようとするなら、死ぬより苦しい目にあわなければなりません。

三河国《みかわのくに》の松本奎堂《けいどう》（謙三郎）などは、田原荘四郎ほどヒドイ男というわけではないようですが、よこしまなことをやり散らかす人物と聞いています。そういう話を聞くと、自分のことではないのに、かえって私の方が、冷や汗の出る思いです。今回、小田村伊之助（楫取素彦《かとりもとひこ》）も、〝よこしま〟なことを、一つくらいはやっているのではないでしょうか？そのほか、今回の件では、私が頼みにしてきた人々も、小田村と同じで、みんな疑わしいところがあります。

私が日ごろから、久保清太郎を信用しているのは、そういう疑わしいところがないからです。彼は一人の人間としてみれば、何の功績や才能もない男です。しかし、けっして〝よこしま〟なことはしません。その点では、私もおよばない人物です。

吉田栄太郎も、松浦松洞よりは、ずいぶんましな男ではないか、と思います。自分のもつ才能を、思うぞんぶんあらわして生きるというのは、かんたんなことですが、それを、つつましく隠して生きるというのは、むずかしいことです。

自分の才能を、思うぞんぶんあらわして生きたところで、時代の状況を読みまちがえれば、どうなりますか？ 結局のところは〝よこしま〟な人になってしまうのです。

今回の件で死んだら、私たちは永遠に〝正義を貫いた武士〟ということになります。その上で、私たちが、あの世に行った……としましょう。そして、あの世にいる金子くんや、月性さんや默霖さんたち三人の亡き友と出会ったとしても……、また、その三人と肘が触れ合うほど近くにいることになったとしても……、きっと私たちは、生きていた時と同じように、何も恥じることなく交際していけるはずです。このことについて、あなたは、どう思いますか？

【長州藩は、二度と〝尊皇攘夷〟を口にすべきではない】

また、私には一つの考えがあります。去年（安政五年）の三月、幕府は老中を上京させ、日米修好通商条約を結ぶことについての、天皇さまのご許可を求めましたが、天皇さまはそれを拒否されました。そのことについて、天皇さまは、たったお一人で、わが国の未来を心配していらっしゃるそうです。

日本の国民は、みな天皇さまの〝家臣〟のようなものです。しかし、こういう事態になっても、その〝家臣〟のなかから、まだ一人も、わが国のために死んだ者はいません。

何とも悔しいことではないですか。それでは、建国以来、長い歴史をつうじて、天皇さまをお守りしてきた日本という国の、誇りある歴史を汚すことにはならないでしょうか。そのことを思えば、私は、その〝家臣〟の一人として、まことに恥ずかしいかぎりです。生きた心地さえしません。

さて、その〝死ぬ手段〟についてです。はじめ私は、「藩主伏見要駕策」の計画を立てて、それを実行せよ！と、萩の政府にムリに押しつけ、そのことを萩の政府から殿さまの側近たちに連絡させ、それで、殿さまの側近たちを怒らせよう……というつもりでいました。

しかしながら、私の立てた計画を、ムリに押しつけてみたところで、萩の政府が、そのことを殿さまの側近たちに連絡せず、私の立てた計画の文書を、公文書を保存する箱に放り込んでしまったら、それで終わりですから、それをやる意味はないでしょう。そういうことを、私は、いろいろと考えてきました。

そのような時に、品川弥二郎がやってきて「藩主の側近たちに、直接、その計画を提出したらどうですか?」と言いました。それを聞いた時、私は感心せず、うわのそらで聞いていたのですが、よく考えてみれば、弥二郎の提案は、まことに人の目を覚まさせるような、いい提案です。今になると「よくぞ言ってくれた」と思います。私は感涙に……、ただ感涙にむせぶばかりです。

しかし、そのあと、また考えてみると、いくら藩主の側近たちを怒らせてみたところで、それくらいで長州藩が、私たちを殺すことはないでしょう。そんなことをやっても、私たちを貶《おとし》めようとする、根拠のない悪口や根拠のない告げ口を、ただ増やすだけではないか、とも思われます。

ですから、事は、ゆっくりと運ばなければなりません。そう考えて、先日、小田村伊之助や久保清太郎に、私たちが死ななければならない理由を、細かく書いて送っておきました。

そのなかで、こういうことを書きました。

「長州藩の人々は、もう尊皇攘夷などと言わないほうがいいでしょう。そのような、できもしないことを言うと、わが国のなかで、長州藩が信用を失うもとになります」

このことについても、話しはじめたら長くなるのですが、こう言っただけで、あなたにわかってもらえるのなら、それで結構です。わからなければ、わからないと言ってください。ちゃんと答えますから……。そして私は、さらに、こうも書いてやりました。

「あなたたちは、せっかく生きているのだから、ウソを言わずに、もっと地に足の着いたことを言ってください。そして、言ったことは、ちゃんと行ってください。

私の理想を知ってくれる人が、少しでもいるのなら、私は今回、ぜひ死なせてもらいたいと思います。そうさせてもらえれば、『長州藩は〝天皇さまのため〟という高い理想をかかげてきたが、吉田が死んだことから考えれば、それは、けっして、ただいい格好をして言っているのではなく、ウソでも偽りでもなさそうだな……』ということが、わが国のうちに、広く知れわたるはずです。そうしたら、たとえ死んでも、私は不滅の存在になるではありませんか。

私の友人なら、自分たちの私情を捨てて、私が死んで不滅の存在になれるよう、とりはからってくれてもよいではないですか。そうでなければ、私の友人とは言えません。

私の目の前には今、〝天皇さまのためではない、恥ずかしい生き方をつづけること〟と、〝天皇さまのために、みごとに死ぬこと〟の二つの道があります。その二つの道のうち、〝天皇さまのために、みごとに死ぬこと〟の方を、私が、よほど楽しい道だと思っていることは、みなさん知ってくれているはずですが……」

およそ以上のようなことを、書いてやったのです。その文書は、二つつくりました。

「藩主伏見要駕策」の時も、そうしています。

けれども、まだ彼らから、答えはありません。そのうちに、何らかの答えがあるでしょう。

もしも、私が死のうとしていることを、彼らが止めるなら、こう言って、責めてやるつもりです。「自分が死ねないからといって、私の死まで止めるというのは、人として、あまりにも情のない態度ではありませんか」と。

【誠を積んで、死をつかむこと】

私が死を求めていることについて、私の友人たちには心を落ち着けて、よく考えてほしいと思っています。よく考えてくれれば、「なるほど、生きるということは一時の楽しみにすぎず、〝高い理念にしたがった行動〟のはてに死ぬということは、永遠の名誉である」ということに、気づいてくれそうなものなのですが……。

そのことに気づくことのできる友人がいてくれたら、幸いです。私は、その人たちの手をかりて、品川弥二郎が言ったように、殿さまの側近たちに、直接、迫っていきたいと思っています。

その結果、たとえ満足の行く死に方ができなくても、それで私たちの誠の心が殿さままでとどくのであれば、ありがたいことです。そうしたら、これまで長州藩が主張してきた〝尊皇攘夷〟が、じつは口先だけで中身のないものだった、ということに、みなが気づくでしょう。

『列子《れっし》』という本に、こういう話が書いてあります。昔、シナの愚公《ぐこう》という人が、家の前の山を移そうと思い立ち、子々孫々まで努力して、何としてでもそのことをなしとげよう……と決意したところ、天帝が、その固い決意に心を動かされ、アッという間にその願いをかなえてくれた、という話です。

また、わが国の平安時代の書道家・小野道風《おののみちかぜ》は、蛙がくり返し柳の枝に飛びつこうとする姿を見て、悟るところがあり、書道の道に精進した、という話も残っています。とにかく、いっしょうけんめい〝誠〟の心を積んでいかなければ、〝高い理念にしたがった行動〟のはての死など、得ることはできないでしょう。

ですから、ほんとうに、とやかく言う必要はないのです。私たちが、〝どうか私たちを殺してください、そして私たちを、私たちの志に殉じさせてください〟という心境にさえ至ることができれば、たとえ〝尊皇攘夷〟の志を、そのますぐに実現することはできなくても、少なくとも長州藩の人々に〝それ相応のことはしなければなるまい〟という気にさせることくらいは、できるはずです。

そうなれば、とりわけ、これまでの私たちと行動してきた同志たちには、〝死んだ友人を裏切るわけにはいかない〟という覚悟も定まるでしょう。

とすれば……、これは先ほど書いた〝無益な死〟ではなく、まちがいなく〝世の中の役に立つ死〟になります。ですから、その理由を、ここまで書いてきたわけです。

これ以外のことも、これから順次、書き送ろうと思っています。あなたの考えがあったら、言ってください。


【ありきたりの〝平常心〟など、いらない】


何にしても、私たちが処刑されるのは、今年の冬よりあとでしょう。たぶん来年の春です。

来年の春というと、まだ時間もありますから、お互いに努力して学問をしましょう。私などは今回、また「野山獄」に入れられてから、なにやら、とても自分の学問が進んだように感じています。二つとない命です。惜しんだ上にも惜しんで、残った人生……、最高で、最上の生き方をしようではありませんか。

品川弥二郎とも、もう一度会って、話をしてみたいと思います。弥二郎は私に向かって、しきりに死をうながします。しかし弥二郎が、藩政府にムリなことを言い張ることが、ただ痛快でならない……という程度の心の状態なのであれば、まだまだ弥二郎の考えは浅い……といわなければなりません。そのくせ彼は、私には、「平常心をもってください」と言ってきます。

「平常心」という、その言葉そのものは、なるほど立派です。先ほど私は、「怒り、嘆きつつ死んでいく」のではなく、「ゆったりと、落ち着いた心境で死んでいく」ことが大切だ……と書きましたが、さて、弥二郎が、私に「平常心」と言ったのは、どのような考えから、そう言ったのでしょう?

もしも弥二郎が、世間一般の人たちと同じような軽い考えで、「平常心」という言葉を使い、つまり、「あんまりカンシャクを起こしてはだめですよ……」というくらいの意味で、私に言っているのなら、なんとも分際をわきまえない〝無礼なもの言い〟というしかありません。しかし、もしも弥二郎が、「怒り、嘆きつつ死んでいく」ことと、「ゆったりと、落ち着いた心境で死んでいく」ことの境目を、自分なりに納得できた上で、そう言っているのであれば、彼は、やがて恐るべき人物になるでしょう。

私は弥二郎に、「その平常心という言葉の、もとにある、あなたの考え方を手紙に書いてください。ただ平常心というだけでは、よくわかりません」と書いて送りたいと思います。もしも今後、弥二郎が「岩倉獄」に投獄されるようなことになったら、あなたから、そこのところを問いただしてもらいたいと思っています。

何でも、こういう身近なことから話をしていくことが大切なのです。そうすると、人はハッと目が覚めて、気がつくと、ずいぶん進歩していることが多いものです。

四月二日、夕方にこれを書く。

余話

多くの門人が、松陰と距離をおきはじめているなか、野村和作は、松陰の教えにしたがいつづけ、一人で行動を起こし、「岩倉獄」に投獄されました。まさに和作は、松陰にとっては、〝金子重之助の再来〟と思わせるような門人だったのでしょう。この手紙にも、「〝金子重之助は死んでいなかった〟ということです」という一文があります。それほど信頼している和作にあてた手紙だからこそ、この手紙で松陰は心の底までうちあけて、いろいろなことを書いているのではないか、と思います。

とくに、「さて、その〝死ぬ手段〟についてです」という一文は、ある意味、衝撃的です。これを読むと、松陰の、さまざまな過激な言動は、もしかしたらすべて〝死ぬ手段〟だったのではないか……という疑いさえ生じてくるからです。


この手紙には、さまざまな人物についての批評が書かれていますが、総じて厳しいものです。たとえば、「松本奎堂《けいどう》（謙三郎）などは、田原荘四郎などと同じような男というわけではないようですが……」という一文もあります。

松本奎堂は、三河国の刈谷藩出身の学者で、志士です。のちに「天誅組《てんちゅうぐみ》」の総裁として決起し、文久三（一八六三）年、三十三歳で討死しています。今日から見れば、立派な志士といえるはずですが、松陰から見れば、一抹の疑念が残る人物だったようです。もっとも、松陰の松本奎堂への疑念は、この手紙を読むかぎり、あくまでも伝聞情報にもとづいているようですが……。

この手紙で、暗に、しかし徹底的に批判されているのが、田原荘四郎です。この人物は、長州藩の足軽ですが、松陰の立てた計画を実行する目的で、安政五年、野村和作とともに上京したことがあります。

そのころ京都には、大原重徳（享和元〈一八〇一〉―明治十二〈一八七九〉）という松下村塾の人々と親しい公家がいました。松下村塾の人々は、その大原を長州藩に迎え、大原をかついで挙兵しよう……という政治工作（本書第二章第一節をご参照ください）を極秘のうちにすすめていて、田原荘四郎も、その工作をいっしょにやっていたのです。

ところが、荘四郎は、その政治工作を藩政府に密告して、工作を失敗に終わらせてしまいます。つまり、保身に走って仲間を裏切ったのです。

さらに、この年（安政六年）、野村和作が「藩主伏見要駕策」のために長州藩を出ると、荘四郎は、和作の「追っ手」にさえなっています。松陰は、かつて田原のことを「臆病者で嫉妬深いところがありますので、大切な話はしないでください」（大原重徳あての手紙・安政五年十二月二十一日）と書いていますので、田原という人物が信頼できないということを、松陰は、早くから見抜いていたことがわかります。

ちなみに、古今東西……、人にとって「嫉妬心」というのは、やっかいなものです。かねてから私は、人というものが〝罪〟を犯す最大の原因の一つは「嫉妬心」ではないか、とさえ思っています。

たとえば、『日本書紀』を見ると、スサノヲの尊《みこと》が、姉のアマテラス大神《おおみかみ》への「嫉妬心」のために過《あやま》ちを犯しています。また、『旧約聖書』を見ると、カインがアベルへの嫉妬心から、過ちを犯しています。いずれも、「兄弟」に対する「嫉妬心」から、大きな過ちを犯しているのです。これら東西の古伝承は、〝いつの世でも人というものは、嫉妬心から重い罪を犯しがちである〟ということを、人類に教えているのでしょう。

ともあれ……、もとより松陰は、荘四郎という人物を信用していなかったのですが、不思議なことに、そういう人物が、一時的にせよ、松陰の門人たちとともに政治活動をしているのです。あるいは、荘四郎は、藩から送り込まれた〝工作員〟であった可能性もあります。

「福音書」を読むと、〝工作員〟というわけではありませんが、イエスとその弟子たちの間にも、よく似た人間関係のパターンが見られるように思います。イエスという、すぐれた精神的な指導者がいて、そのもとにすぐれた弟子たちがいるわけですが、その弟子のなかに、なぜかユダという〝裏切り者〟が混じっているのです。

かりに松陰を、イエスにたとえれば、田原荘四郎は、ユダにたとえられるかもしれません。古今東西……、すぐれた精神的な指導者には、なぜか、いつも身近なところに、そういう〝裏切り者〟が隠れているわけですが、それが、たぶん人の世の〝さだめ〟というものので、そういうことも、「福音書」は、私たちに教えているのでしょう。

しかし、荘四郎に比べると、小田村伊之助、松浦松洞の二人は、今日から見れば、いずれも松陰の立派な協力者です。門人であり、同志といってよい人々なのですが、この手紙を読むと、このころの松陰は、それらの人々に対してさえ、猜疑心をもっていたことがわかります。

「小田村伊之助も、よこしまなことを、一つくらいはやっているのではないでしょうか」というのは、たぶん伊之助が、「藩主伏見要駕策」の話を聞いて、松陰の身を心配するあまり、藩政府へ連絡したことをさしているのでしょう。そのことが、たぶん松陰を怒らせてしまったのではないか、と思われます。

「松浦松洞よりは、ずいぶんましな男」などというかたちで酷評されている松浦松洞は、今日では、生前の松陰の面影を伝える肖像画を描いた門人として、よく知られている人ですが、このころは「藩主伏見要駕策」には賛成せず、和作とともに京都に行くことを断っています。ですから、たぶんそのことが、松陰の怒りに触れたのでしょう。

そのように、今日から見れば、〝松陰を裏切った〟とまでは言えない人々でも、そのころの松陰からすれば、「よこしま」な人々に見えていたようです。このようにして、いろいろと見てきた上で、そのころの松陰の心のなかを察すれば、私には、〝いたましい〟という一言しか浮かびません。

第二節　死を辞さず、求めず――入江杉蔵あての手紙（安政六年四月二十二日ごろ）

前書

前の手紙（安政六〈一八五九〉年四月二日付）から二日後の四月四日にも、松陰は野村和作にあてて長文の手紙を書いています。これも、前の手紙と同じく、「死」について語ったものです。この手紙の全文は、かなり長いものなので、本書では、その手紙のなかから、松陰の「死生観」にかかわるところだけを、ご紹介します。

「『死は一生の終わりにくるものです。ですから、また、むずかしい』」。この言葉は、とてもすばらしいものです。しかし私は、もう、この野山獄にいることが、一瞬たりともメンドウでたまらない、という気分になっています。その言葉一つで、今のすべてのことを終わりにすることができるのなら、もう私は、言うこともないので、ただ顔を赤らめて黙るばかりですが、なかなか、そう簡単に、人生というものは、終わりにはなりません。

昔からの友人たちが、ただの一人も私のことを理解してくれず、ただの一人も尊王攘夷の行動に乗り出してくれません。これでは、ほんとうに何一つ楽しいことはないではないですか。困ったことです。歯がゆいことです。

そのため今、こんな軽薄なグチをこぼしてしまいました。私の思いを許してください。私の過ちを許してください。もうこんなことは言いません。

あなたは、『今、わが国は、まさに乱世になろうとしています。だから死ぬのです』と言いましたが、それは、私の考えとは、ずいぶんちがいます。もしも、わが国が乱世になるのならば、その時こそ、私たちは力を尽くすべきではないですか。そんな大切な時に、私たちが死んでいいはずがありません。

考えてもみてください。今の日本の政治には、古今東西……どこにも見たことがないような悪い兆候があらわれています。〝平和〟から、〝乱世〟へと、しだいに乱れていくのではなく、〝平和〟から、いきなり〝亡国〟ということになってしまいそうな勢いです。ここに、目をつけなくてはなりません」

以上のような状況認識にもとづいて、ここで松陰は、こう言い放っています。「むしろ、乱世になったほうがよい」（原文・「何卒乱麻《なにとぞらんま》となれかし」）。

これは、きわめて大胆な発言です。当時の日本に、ここまで徹底して、「現体制」に対する〝嫌悪感〟を表明した人は、たぶんいないのではないか、と思います。

そう書きつつ、またもや、松陰の思いは、みずからの「死」の問題に帰っていくのです。その手紙のなかで、松陰は、こういうことを書いています。

「今、私が死を求めてやまないのは、このまま生きていても、理想を実現するための行動を起こせる見込みが、まったくないからです。もしも私が死んでみせたら、それで考えを変えてくれる人も、誰か、あらわれるかもしれません。それならそれで、一つの〝死ぬ理屈〟は通っているはずです。それに、今のような日本の危機に、誰一人、決死の行動を起こす者がいないというのは、まるで日本人が、みんな臆病者になってしまったかのようで、あまりにも、あまりにも、情けないではありませんか。ですから、まずは私が死んでみせよう……と言っているのです。

そうしたら、友人たちや古い知人、生き残った誰かのなかから、少しは日本のために力を尽くす人があらわれるかもしれません。ほんとうに……私が考えているのは、そのことだけなのです」


これは、まことに鬼気迫る文章です。まずは自分が、国のために「死んでみせる」……そうすれば誰かが立ち上がってくれるであろう……だから私は死にたい……、と松陰は言うのです。松陰は、はっきりと自分の一命を、一つの〝賭け〟に、さし出そうとしています。しかも、その〝賭け〟は、どちらに転んだとしても、生きて結果を見届けることはできない……という、いわば窮極の〝賭け〟です。

〝早く私を死なせてください……、そして私の屍《しかばね》をのりこえて、一人でもいいから、日本のために立ち上がってください〟。このころの松陰は、人々にそう催促しているかのようです。

しかし、この手紙から三日後の四月七日の手紙になると、そのような絶望をくぐりぬけて、松陰は有名な「草莽崛起《そうもうくっき》」（民間人が立ち上がって、世の中を変える）という理念を打ち出しています。有名な一文ですので、ここに、それについて書かれている部分のみ、あげておきましょう。

「今は、建国以来、一度も外国の支配をうけず、三千年来、誇りある独立をたもってきた、わが大日本国が、ある日、いきなり外国人に支配されそうな状況にあります。血の通っている人間であれば、そんな事態を、どうして黙って見ていることができるでしょう。

あの世から、フランスのナポレオンを、今の日本に呼び出したいものです。そして、世界に向かって日本の〝国家の自由〟を主張しなければ、私の腹の虫がおさまりません。

……今の幕府も大名たちも、もはや、ひどい酔っ払いのようなものです。ですから、どうやっても助け起こす手段はないでしょう。民間から立ち上がる人を待って、世の中を変えるほか、もう日本を救う方法はありません」（原文・「独立不羈《どくりつふき》、三千年来の大日本、一朝人《ひと》の羈縛《きばく》を受くること、血性ある者、視るに忍ぶべけんや。那波列翁《ナポレオン》を起してフレーヘードを唱えねば、腹悶医し難し《ふくもんいや》。……今の幕府も諸侯も、最早酔人なれば、扶持の術なし。草莽崛起の人を望む外《ほか》、頼みなし」〈北山安世あての手紙・安政六年四月七日〉）

民間から人が立ち上がって世の中を変える……という考え方は、それ以前から、ときどき松陰が主張していたものです。たとえば、すでに松陰は、前年の安政五（一八五八）年九月には、「草莽」が立ち上がることを説いています。「諸大名は、頼むにたりません。草莽の志士を集めるということについては、昔の大坂の陣の失敗を思い出して、一概に危険なことのように言う人もいますが、これは、ものごとの本質と表面のちがいが、わかっていない人の言うことです」（「大原卿に寄する書」・『戊午幽室文稿』・安政五年九月二十八日）。このような考え方が、やがて「草莽崛起」という熟語に結実していきます。

はじめてその四文字の熟語があらわれるのは、安政六年二月九日の佐世八十郎（前原一誠）あての手紙です。そこで松陰は、「草莽崛起を計画しなければならない」と書いています。

また、その翌月には、こういうことも書いています。「草莽にも力がない。日本中を歩いて、百姓一揆が起こっているところに、つけこむ奇策もあってよいのではないでしょうか」（野村和作・入江杉蔵あての手紙・安政六年三月二十六、二十七日）。松陰は、百姓一揆のエネルギーを、なんとか「尊皇攘夷」の運動に転用できないか……とまで考えていたのです。

おそらく松陰は、この安政六年のはじめあたりから、朝廷も幕府も諸藩も、〝いずれも頼りにならない〟と、はっきりと意識しはじめたのでしょう。そして、その思いが、これらの手紙に見られる「草莽崛起」の主張へつながり、そして、この四月七日の手紙のような、堂々たる宣言文になったのではないか、と思われます。

松陰は、たとえていえば、灯火一つない絶望の世界をくぐりぬけたあと、遠くに一つの灯火を見つけたのかもしれません。しかし、その灯火を灯《とも》している人々とは、そのころの学者や政治家の誰もが、まったく思ってもみなかった人々でした。それは、〝志ある庶民〟です。それらの人々こそが、じつは、わが国の巨大な政治変革の導火線に火を点《つ》ける〝主役〟になるのではないか……というのが、松陰の考えでした。

これは小説ですが、このころの松陰について、司馬遼太郎氏は、こう書いています。

「松陰の心は、ほのおで煮られるフラスコの水のようになる」(『世に棲む日日』)。

ともあれ、そのころの松陰は、とうとうそのような〝ラジカル〟な考え方にたどりつきました。しかし、その一方で、松陰は、先の四月七日の手紙から六日後の四月十三日に、松陰の身を気づかう妹の児玉千代(芳・芳子)あてに、心優しい長文の手紙も書いています。

これは、やさしい和文風の文章でありながら、松陰の「死生観」を、わかりやすく知ることができる、とてもよい手紙です。ですから、これからその手紙を、少し紹介しておきます。

このころ千代は、松陰に「観音さまに供えたお米を、三日間の精進のあと、いただきました」と書いてきたようです。松陰の身を案じてのことでしょう。それに対して松陰は、「観音力」について、こう論じています。世間では「観音力」のすばらしさを、「罪人として縛られれば、縄がぶつぶつと切れ、獄舎に入れられれば、たちまち鍵が外れ、処刑場に座らせられれば、首を打つ刀がチリヂリに砕ける」などと言っていますが、それは、「一心不乱になりさえすれば、何ごとに臨んでも、少しも心配することがなくなり、縄で縛られても、投獄されても、処刑場に臨んでも平気になる」ので、そのことを「方便」で言っているのです……と。そして松陰は、お釈迦さまが、修行のはてに「生まれもせねば、老いもせず、病にもかかわらず死にもしないことを悟った」と言われていることについても、それはじつはこういう意味なのだ、と書いています。

「お釈迦さまとか孔子さまとかいう方々は、今日まで〝生きて〟いらっしゃるのです。ですから、人々は、尊び、ありがたがり、おそれるのです。これは、つまり、それらの方々は死んでいない、ということではないですか。死んでいない方々なのですから、たとえ縄で縛られても、投獄されても、処刑場に引き出されても、結果的には、その『観音経』で言っているとおり……ということになります。楠木正成公とか、大石良雄とか、そういう方々は、刃物で命を失ってしまいましたが、じつは今も生きていらっしゃる。つまり、その方々を死にいたらしめた刀は、結果的にはチリヂリに砕けた……ということになります」

そして、松陰は千代に向かって、「禍福《かふく》は縄のごとし」「禍《わざわい》は福の種、福は禍の種」などという言葉をあげつつ、こう書いています。

「私などは、獄舎で死んでしまえば、それは禍そのもののようにも見えるでしょう。しかし、その反面、死ぬまで学問することもでき、私の書いたものも残ります。それは、自分のためにもなり、他人のためにもなりますし、その上、どうにか〝死なない人々〟の仲間入りもできそうです。ですから、私は〝自分は幸福だ〟と思っています」

ですから、「観音さまに頼んで、福を求める」ような、つまり、神仏に頼って「福」を求める態度は、あまり感心しない、と松陰は言うのです。

そして、『易経』でも、「満ちたりる」ということを、よくないことだと言っている……としながら、こう書いています。

「七人兄弟のなかで、私は罪人で、妹の艶は若くして死に（松浦注・松陰が十四歳の時に夭逝）、弟の敏三郎は聾啞者《ろうあ》……、不運のようにも思えるでしょうが、その他の四人は、ふつうの生活をしています。とくにお兄さまや、おまえや小田村に嫁いだ寿《ひさ》は、子供にも二人ずつ恵まれているのですから、その上、〝もっと、もっと……〟と〝不足〟を言ってはなりません。……ですから、お父さまやお母さま、他の兄弟のかわりに、私と艶と敏三郎が、禍を背負ったのだ……と、そう考えれば、いいのです。そう考えれば、お父さまやお母さまの心も、少しは安らかになられるでしょう。……

私は親不孝者ですが、たった一つだけ、〝これは孝行ではないか〟と思っていることがあります。それは、こういうことです。

世間では、兄弟のうちで、一人でも不運な者がいると、残りの兄弟が、自然と我をはることがなくなり、親孝行するようになると言われていて、そのような兄弟は、かえって仲良くなるとも言われています。

もしもそうであれば、私の不運も、あるいは、一つの〝孝行〟になるのではないでしょうか。

ですから、私はこれから、本来なら兄弟にふりかかってくるはずの災難を、すべて私一人で受け止めたいと思っています。あなたたち私の兄弟は、どうか私にかわって、父母に孝行してください」

最後に松陰は、この手紙を、こういう一言で締めくくっています。

「神へ願ふよりは、身で行ふがよろしく候」

松陰は、言うまでもなく神仏を敬っていた人です。ただし、神仏に「あれをしてくれ、これをしてくれ」というような「信仰」は、拒否していたように思います。神を敬するが頼まない……、考えてみれば、これはまさしく「武士道」の真髄をあらわしている言葉ではないか、と思います。

ちなみに、妹・千代にあてた手紙といえば、その五年前（安政元年）十二月三日にも、松陰は、きわめて懇切な手紙を書いています。それは、松陰の「女子教育」についての考えを知ることのできる貴重な手紙で、戦前は、高等女学校の教材としても使われていたそうです。

あるいは……、このような妹・千代との文通が、松陰の心をなごませたのでしょうか。その翌日、四月十四日になると、松陰は野村和作にあてた手紙で、こんなことを書いています。

「うぬぼれかもしれませんが、私、吉田松陰は、神国・日本のために自愛しなければなりません」（原文・「うぬぼれながら、吉田義卿、神州の為《ため》に自愛すべし」）

ようやく松陰が、〝生きて日本の未来を切り開こう〟という気持ちになりはじめていたことがわかります。その心境を、よく物語るものが、これからかかげる四月二十二日ごろに「岩倉獄」にいる入江杉蔵にあてて書かれた手紙です。

なお、手紙のなかに「自然説」というタイトルが書かれていますが、それが、以後の文章のどこまでなのか、原文ではよくわかりませんが、ここでは、私なりに言葉を補って、「自然説」の範囲を区切っています。

▼入江杉蔵あての手紙（安政六年四月二十二日ごろ）・本文

【思いは「自然説」に至る】

あんまり腹を立てつづけていると、そのあげくには、とうとう腹が立たなくなります。ですから私は、もう腹は立てません。しかし、そうは言っても、また腹を立てるかもしれません。その時は、〝それも、また自然……〟と思って、許してください。

これから「自然説」という一文を書きます。あなたのために書いたものです。

自然説

杉蔵よ、杉蔵よ……、憤慨するのは、もうお互いやめにしましょう。周りの人々は、私に対して、好き勝手なことを言ってきます。「おまえは命が惜しくなったのか、覚悟はあるのか」とか、「おまえの学問は、どれくらい進んだのか」とか、「おまえは、忠義や孝行の心が薄くなったのではないか」とか、ほんとうに好き勝手なことを言ってくるのです。

しかし、他人が何と言おうと、もう私は、それらの言葉に心を乱されることはありません。〝自然〟にまかせて、生きることにしたのです。

もう、私は死を求めません。また、死から逃げません。獄舎のなかに入れられたままなら、入ったままできることをします。獄舎から出されたら、出てできることをします。

時代がどうとか……状況がどうとか……、もう何も考えません。できることをして、行きづまったら、また獄舎に入ってもいいでしょう。処刑場に行ってもいいでしょう。どこにでも、〝行け〟と言われたところへ行くだけのことです。

これが、私の〝自然説〟です。

さて、これまで私は、わが藩の藩主・毛利敬親《たかちか》公に対して、真正面から「尊皇攘夷の行動を起こしてください」と迫ってきましたが、それは、そもそもムリな要求でした。私たちがすべきことは、「敬親公が、尊皇攘夷の行動ができるような状況をつくりだす」ということではなかったか……と思います。

私の同志たちは、殿さまに対してムリやり「尊皇攘夷の行動をしてください」と勢いよく迫って、それで殿さまが動いてくださらなければ、それで自分もやめていました。これまでの私も、ムリやり迫ってきた……というところは、彼らと同じです。

しかし私は、これからは、やり方をかえます。周布政之助《すふまさのすけ》や前田孫右衛門《まえだまごえもん》などの藩の重臣たちに向かって、そのように迫ってきたのは、私の大きなあやまちです。私には〝人を見る目〟がなかったのだと、つくづく反省しています。もっとも、ご存じのとおり、それぞれの場合には、それぞれの場合なりに、そうせざるをえない事情もあったのですが……。

やはり、〝自然〟ということが、何よりも大切です。私を、死ぬまで獄舎から出さないというのなら、それも、また〝自然〟でしょう。もしも、出してくれるのであれば、もう二度と、これまでのような、あやまちはくりかえしません。藩政府に対してはもちろんのこと、藩から俸給をもらっている立場の人に対しては、もう何も言わないようにします。

もしも牢獄から出されたとして、その時、私がどうするか……ということですが、それは、その時のことです。この先どうなるか、何もわからない今、どうこう言うことはできません。

しかし、おおまかなところは、あなたが江戸で思いついたところと同じです。もっとも、それは、私が、まだ十二月三十日の天皇のご意思（間部詮勝が江戸に帰ることと、外交拒絶の期限を緩めることを、天皇がご許可されたこと）を、知らない時に考えた手段でもあるのですが……。

【言ってもムダな人には、もう言わない】

もし私が、楠木正成公のように、天皇さまの夢のなかにあらわれることができるのであれば、私は、天皇さまに直接、思うところを申し上げたいと思います。そのつぎは、わが藩の殿さまにも、思うところを申し上げましょう。そのほかの人ですが……、大原重徳卿などは、私のことを〝知己〟と思ってくださっているようなので、とにかく、一言は申しあげます。その他の人々には、もう何も言いません。

今から私は、人が、やさしげにものを言ってくれれば、やさしげに応えます。人が、はげしい顔つきでものを言ってくれば、目を閉じているだけです。大声で怒鳴ってくる人がいれば、黙っていようと思います。そういう人々は、どちらにしても同じような人々なので、憎む必要さえありません。

また近ごろは、しきりに「これまでのことは、水に流して、なかよくしましょう」と言ってくる人もいます。そういう人にかぎって、私に向かって、「入江杉蔵と野村和作の誠の心には、いつも感心しています」などと、ペラペラと語りかけてくるのです。

そんな人に対して、私は、いまだに一言も返事をしていません。しかし、それも、考えてみれば〝自然〟ではないので、おだやかに応えるつもりです。私は、これからそういう態度でやっていこうと思います。このことについて、あなたは、どう思いますか？

私は、友人たちよりも、先に投獄されましたから、人より少しは罪が重いかもしれませんが、いまだに死刑になりません。それは、まだまだ忠義が足りないということでしょう。

今、「死なせてください」と言うのは、たいした手柄も立てていないのに、りっぱな褒美を求めるようなものかもしれません。今から、もっと励まなければ、世の中、そうそう簡単には死なせてくれないもの……と考えています。

なお、○○が、私の兄にも、久保清太郎にも、品川弥二郎にも、私やあなたの書いたものが、外部に出ることを、懇々と戒めて回っているようです。激しい議論に怯えたのでしょう。臆病者のしそうなことです。あなたたち兄弟の書いたものは、久保清太郎か小田村伊之助に頼めば、直接、江戸に送ることができるはずです。

藩政府の臆病者たちは、とても、私たちの書いたものを取り次いだりはしない、と思います。

余話

ひたすら、死を求めてきた松陰ですが、このころになると、「私は死を求めません。また、死から逃げません」（原文・「死を求めもせず、死を辞しもせず」）という境地になっています。その境地を、松陰なりに一言で言えば、「自然」ということになるのでしょう。

これは、「何も言わない、何もしない」という意味ではありません。〝言うべきことを言いつづけ、行うべきことを行いつづける、そして、その結果は、それがどのようなものでも受け入れる〟という意味です。

そういう心境になったのも、このころ松陰は、周りの人々から、いろいろと文句を言われつづけていたからでしょう。松陰に向かって、「おまえは命が惜しくなったのか」とか、「おまえの学問は、どれくらい進んだのか」とか、「おまえは、忠義や孝行の心が薄くなったのではないか」などと言っていた人々もいたようで、驚くほかありません。

後世の私たちからすれば、「よくもまあ……松陰に対して、そんな偉そうなことが言えるな……」と思います。しかし、自分がどれだけのものか、ということを省みないで、他人には〝偉そうなこと〟を言う愚かな人々は、いつの世にもいるものです（今の世にも、ただ自分が年上だというだけで、年下の者に対して、やたらと高圧的な態度をとる〝愚かな年長者〟が少なくありません）。

しかし、そのように偉そうなことを言うだけではすまず、時には松陰を、大声で怒鳴りつける人までいたようです。そういう人々に対しては、ただ「目をつむっているだけ」

……というのが、松陰の対処方法だったようで、この方法くらいなら、たぶん今の私たちも、日々の生活のなかで応用できるかもしれません。

もう一つ……、この手紙からわかることがあります。それは、このころ、松陰の考え方に〝大きな転換〟があったということです。

松陰は、これまで自分たちの政治活動は、〝上の人々〟に向かって「尊皇攘夷をしてください」と要求し、〝上の人々〟がその要求を受け入れないと、それですぐに諦めてきたけれども、そのようなやり方ではいけない……と気づいたのです。〝上の人々〟に何かをしてくださいと言う前に、まずは自分たちの力で、その〝上の人々〟が「尊皇攘夷の行動ができるような状況をつくりだす」ことが大切である……と、松陰は考えはじめます。

ここには、松陰の「草莽崛起」という考え方の本質が、よくあらわれています。松陰は、もう藩主も、藩の重役も頼りにしていません。頼りになるのは、「自分」のみ……、すべては「自分」から、はじまるのです。松陰の言う「草莽」とは、ほかでもなく、まずは松陰自身のことをさしているのでしょう。

この手紙が書かれた安政六年四月、松陰は、野村和作にあてて、もう一つ別の手紙を書いています。日付は、はっきりしないのですが、そのなかで、松陰は、これまでの「草莽崛起」という考え方を、極限にまで突きつめて、はっきりとこう書いています。有名な言葉ですので、その部分だけをあげておきます。

「よく考えてもみてください。自分が死ぬこともできない男が、他人に命を捨てさせることなど、けっしてできるものではありません。……私は、ただ〝忠義〟を実行するということだけを知っている者です。それを実行する〝時機〟を待つ者ではありません。草莽崛起という行動に、どうして他人の力を借りる必要があるでしょうか。申しわけない言い方ですが、もはや私は朝廷も幕府も、わが長州藩も頼りにはしてはいません。私に必要なのは、ただ六尺（松浦注・約百八十センチ）の、この私の体だけです」（原文・「よく思うても見よ。自ら死ぬ事の出来ぬ男が、決して人を死なす事は出来ぬぞ。……義卿、義を知る。時を待つの人に非ず。草莽崛起、豈に他人の力を仮らんや。恐れながら。天朝も幕府・吾が藩も入らぬ。只だ六尺の微軀《びく》が入用」）

昔は、マルクス主義の歴史研究者たちが、この「天朝も幕府・吾が藩も入らぬ」というところだけを取り上げて、松陰の「草莽崛起」という考え方を、〝サヨク的な革命思想〟のように言いはやしていたものですが、それは言うまでもなく、まったくの歴史歪曲です。松陰のその言葉の意味は、「日本を守ってください、と誰かに頼ることを、私は、もうやめます。まずは私が、一身をかけて日本を守るだけです」というものであることは、これまで見てきたところからも、明らかでしょう。

しかしながら、そのように徹底的に「自立」した心境に到達するというのは、ふつうの人間には、とてもむずかしいことでしょう。私たちは、どうしても、誰かに、何かを期待しがちです。

たとえば、今でも、世の中には自分は何も行動せず、〝上の人々〟の批判ばかりして、得意になっている人がいます。しかも、そういう人の、その種の批判は、〝何を言っても安全〟という場所で、コッソリとなされることがほとんどなのです。

そんな醜い言動をするくらいなら、〝何も言わなければいいのに……〟と、私は思うのですが、そういう人は、いつの世にもいます。それでは、なぜ、そういう人々は、そういう醜い言動をするのでしょうか？　それは、結局のところ、〝自分は安全なところを動かないし、何もしないけれども、誰か危険をかえりみず、自分にかわって発言してほしい、行動してほしい、そして状況を変えてほしい……〟ということなのでしょう。それは、とても卑怯なものの考え方と言うしかありません。

まずは一人ひとりが、それなりのリスクを背負い、〝自分の考え〟を〝自分の責任〟で、世の中に向かって訴えることです。そのためには、言葉を正確に発する知恵と、それを堂々と訴える勇気がなければなりません。

そうしなければ、世の中は少しもよくならないと思います。今のわが国が、どんどん悪い状況になっていっているのは、そういう知恵と勇気のある人が、少ないからなのでしょうが、もしも今、そういう知恵と勇気をもっている人がいれば、ある意味でそれは、松陰の言うところの「草莽崛起」の人と言ってもよいかもしれません。

ちなみに、この節で紹介した手紙は、入江杉蔵（九一）にあてたものです。その弟の野村和作や、二人の母については、すでに少しお話ししましたので、ここで、入江杉蔵について、簡単に申し上げておきます。

杉蔵は、和作より五歳年上です。「老中間部詮勝要撃策」の時の血盟にも参加していますし、松陰が、二度目に「野山獄」に投獄される時、その不当性を訴えて処罰もされています。

　そして、「藩主伏見要駕策」の時、ほかの門人たちが松陰に距離をおくなか、弟の和作とたった二人で、松陰の指示にしたがい、その結果、投獄されてしまったことは、すでに述べたとおりです。松陰の刑死後も、なお獄中にありましたが、万延元（一八六〇）年、二十四歳の時、解放されます。

　その後は、高杉晋作や久坂玄瑞たちとともに、幕末の長州藩の若きリーダーの一人として活躍をつづけ、四カ国連合艦隊との戦いにも参加しました。元治元（一八六四）年の「禁門の変」では、久坂玄瑞や真木保臣《やすおみ》などと並んで「参謀」の大役もつとめています。しかし、長州藩は「禁門の変」に破れ、杉蔵は、京都の鷹司《たかつかさ》邸で自刃しています。時に二十八歳でした。

「松門の四天王」という言葉があります。松陰の門人のなかで、特にすぐれた四人の人物という意味です。具体的には高杉晋作、久坂玄瑞、吉田稔麿《としまろ》（栄太郎）、入江杉蔵の四人をいいます。一方、品川弥二郎は、「松門の三傑」として、高杉、久坂、入江の三人をあげています。

　それにもかかわらず、今ではその名が、ほとんど知られていないのは、じつに残念なことです。

松下村塾で学んだ若者たちのうち、維新の魁《さきがけ》として若い命を散らした人は少なくありません。その一方、生き残って、明治新政府の高官となった人も数多くいます。

しかかし、生き残ったすべての人々の心のうちには、若くして散っていった身近な「同志」たちの思い出が、おそらく生涯、消えることはなかったでしょう。生き残った和作の心のなかにも、師の松陰の面影とともに、言うまでもないことでしょうが、兄の杉蔵の面影も、終生消えることはありませんでした。

第三節　死生の悟り――品川弥二郎あての手紙（安政六年四月ごろ）

前書
先にあげた安政六（一八五九）年四月二日の野村和作あての手紙のなかで、松陰は、こう言っています。「品川弥二郎とも、もう一度会って、話をしてみたいと思います。弥二郎は私に向かって、しきりに死をうながします。しかし弥二郎が、藩政府にムリなことを言い張ることが、ただ痛快でならない……という程度の心の状態なのであれば、まだまだ弥二郎の考えは浅い……といわなければなりません」。

これからあげるのは、その品川弥二郎にあてた手紙です。書かれた日付はわかりませんが、いずれにしても、安政六年四月ごろのものです。

品川弥二郎は、十五歳で松陰の門人になり、松下村塾に集まった〝少年〟といってよい世代の人々のなかでは、もっとも松陰に期待された人です。しかし、松陰は、期待する人物であればあるほど、厳しい言葉を投げかけるところのある人です。

弥二郎も、ずいぶんしぼられています。それを象徴するのが、これから紹介する手紙です。

ちなみに、弥二郎は、幕末の激動期に、よく松陰の門人の名に恥じない活躍をつづけます。維新後は、政府の要職を歴任し、明治三十三（一九〇〇）年に五十八歳で没しました。松陰の著書の刊行などをつうじて、松陰の心を世に広めることに、よく尽力しています。とくに、松陰が入江杉蔵に託したものの、杉蔵が亡くなって実現できないままであった「尊攘堂《そんじょうどう》」を（松陰の構想とは、かなりちがったものになりましたが……）、ともあれ京都に建設したのも、弥二郎です。

さて、この手紙は、前の方が欠落しています。どうも、偶然そうなったのではなさそうです。山口県教育会編『吉田松陰遺墨帖』という本があって、これは、松陰の史料を写真版で収めたものですが、そのなかに、この手紙の写真版も収められています。それを見ると、まるでカッターで切り取られたかのように、前の部分がないのです（直前の行は、かすかに文字の一部が見えます）。

これは、たぶん意図的に切り取られています。誰が切り取ったのかはわかりませんが、あるいは、この手紙を受け取った弥二郎自身が、切り取ったのかもしれません。

というのも、この手紙は、弥二郎にとっては、とても腹の立つものだったと思われるからです。今残っている部分を私たちが読んでも、「なにも、そこまで激しく罵倒しなくても……」と思うような内容です。ですから、これを読んだ弥二郎は、かなりショックを受けたのではないか、と思います。残っている部分でさえそうなのですから、その前の部分には、何かもっと激しいことが書いてあったのかもしれません。

しかし、弥二郎が、それほど罵倒されながらも、部分的にでも、この手紙を保存して、後世に伝えてくれたことは、まことにありがたいことといわなければなりません。人は、ふつう、そういう腹の立つ手紙をもらったら、捨ててしまうことが多いのではないでしょうか。

その点は、さすがに松陰から「情ある人」（『東行前日記』）と評された弥二郎らしいところです。それに弥二郎は、先の入江・野村兄弟の母のところでもふれたように、獄舎に入れられて自由のない松陰にとっては、とてもありがたい〝連絡係〟のような仕事もしていました。

しかし、それだけ信頼し、そういう仕事も引き受けてくれていた弥二郎にさえ、松陰は、「それは、ちがう！」と思えば、激しい言葉を投げかけます。その点、松陰という人は、まことに公正で「私心」のない、ほんとうの意味での「教育者」であった、と言えるでしょう。


ところで、この時、松陰は、弥二郎のどういう言葉を「それは、ちがう！」と思ったのでしょうか。おそらく、そのころ弥二郎は、「先生、じつは私は、〝死ぬ覚悟〟などできていません」というようなことを、言ったか、書いたか……、いずれにせよ、そういう弱音を吐いたのではないか、と思います。

先には松陰に対して、「しきりに死をうながし」ていた弥二郎ですが、松陰が、その言葉に疑問を感じていたとおり、じつは弥二郎自身が、「死の覚悟」などできていなかったのです。考えてみれば、なにしろ、このころ弥二郎は、まだ十七歳の少年だったのですから、それもムリもない話だとは思うのですが……。

しかし、松陰は、若いからといって容赦する人ではありません。弥二郎の〝心の弱さ〟を突き、言葉をたたみかけています。この手紙の写真版を見ると、これは、かなりのスピードで書かれた手紙であることがわかります。松陰も興奮していたのでしょう。

言葉が、ブッ切れのように並んでいるような箇所さえあります。しかし、それでも、この文章は、名文と言うしかありません。

ですから、ここでは、これまでの史料以上に、かなり〝行間を読み込んで〟現代語訳しました。なぜなら、この手紙の原文には、松陰自身による誤字も見られるからです。たとえば、原文には、「外典の内をくらぶ」という一文があります。

「外典」とは辞書的にいえば、「仏教徒が、仏教以外の書物、おもに儒教の書物をいう」(『新字源』)という意味の言葉で、仏教徒が、仏教の古典をいう「内典」と対《つい》になっている言葉です。ですから、「外典」では、文章の前後とあわせて見るかぎり、意味が通じません。

おそらく、これは織田信長が、よく戦いの前に舞った「敦盛《あつもり》」の一節を引用したのだと思います。ですから、ほんらい「下天」と書くべきところを、松陰は、誤って「外典」と書いてしまったのでしょう。

いずれにしても、そのような誤字にも気づかないほど、松陰は激しい思いを勢いよくぶつけていますから、この手紙は活字になったものを今読んでも、たいへんな迫力がありります。私なども、この手紙を読むたび、いつも〝活《かつ》〟を入れられるような思いがしてなりません。

とくに、「何か一つでも、腹の虫がおさまるようなことをやって死なないと、成仏することはできませんよ」(原文・「何か腹のいえる様なことを遣つて死なねば成仏はできぬぞ」)という一文は、強烈です。私も、これまでの人生で、いずれもささやかなものではありますが、「公」のために勇気を奮い、発言し、行動してきたことが何度かあります。先に申し上げた三重県教職員組合の不正を暴露したことも、その一つです。今、心静かに、さまざまな出来事をふりかえってみると、そのようなギリギリの局面で、いつも私の脳裏によみがえり、正義を実現するため、一歩前に踏み出す勇気を与えてくれたのは、松陰のその一言であったような気がします。

▼品川弥二郎あての手紙（安政六年四月ごろ）・本文

（前文欠落）あなたは、どのように生き、どのように死んだらいいか、〝死生の悟り〟が開けない、と言います。なんと愚かなことを言うのか……と、私は思います。

そのことについて、これから詳しく、あなたに言っておきましょう。

たしかにあなたは、まだ十七歳です。けれども、十七歳とか十八歳で死ぬのが、〝まだ惜しい〟と言うのなら、私のように三十歳で死ぬのも〝まだ惜しい〟ということになります。そして、八十歳になり、九十歳になり、百歳になっても、たぶん〝まだ惜しい〟ということになるでしょう。いつまでたっても、〝もうこれで、じゅうぶん……〟ということにはなりません。

草に棲《す》む虫のように、水に棲む虫のように、半年の寿命のものもあります。それをあなたは〝短すぎる〟と言いますか？　松や柏のように数百年の寿命のものもあります。それをあなたは、〝長すぎる〟と言いますか？

天地は、永遠のもの……。それに比べたら、数百年生きる松や柏でさえ、一瞬の間、飛び回っては死んでいくハエのようなものではありませんか。

ただし、それらのすべてに比べ、正義を貫いて首陽山（西山《せいざん》）で餓死した伯夷《はくい》のような人は、そのころの周という王朝の時代も超え、そのあとの漢、唐、宋、明という王朝も超え、今の清という王朝になっても、まだ滅びてはいません。今も、その名は語り継がれているのです。

もしも、伯夷が、太公望《たいこうぼう》によって命を助けられたことに恩義を感じ、そのあまり、おめおめと生きのびて、西山で餓死していなかったとすれば、さて……どうでしょう。もしも伯夷が、そのあと百歳まで生きたとしても、今のように長く語り伝えられることはなかったでしょうから、それは〝短命〟と言ってよい人生ではないですか。

あなたは、いったい何年生きたら気がすむのですか？ 生きて、何かをなしとげることができるメドでも立っているのですか。言っておきますが、浦島太郎も武内宿禰《たけのうちのすくね》も、とても長生きしたことで知られている人たちですが、それでも、二人とも今は、もう死人です。

「敦盛」の一節には、「人間五十年、下天の内を比ぶれば……」とありますし、杜甫《とほ》の漢詩の一節にも、「人生七十、古来希《こらいまれ》」とあります。そのような短い人生なのですから、何か一つでも、腹の虫がおさまるようなことをやって死なないと、成仏することはできませんよ。

これから私は、今風の〝尊皇攘夷の志士〟に対しては、もう一言も、言葉を交わすつもりはありません。言ってもしかたのない人たちばかりだからです。

これから私は、そのように黙っているつもりですが、だからといって、わが身をかえりみて、あの世の先人たちに対して、恥ずかしいと思うようなことは、一つもありません。あなたに、少しでも人の心があるなら、今のあなたのような状態では、先人たちに対して恥ずかしいだけでしょう。また、少しでも人の心が残っているなら、今の人たちは、〝ただウルサイだけ〟だ、とわかるでしょう。

いったい、あなたは、この世で生きつづけて、何が楽しいのですか。ほんとうに俗人というのは、あさましいものです。また、恥を知らないものです。

今の世間には、「孔子は、『志のある士や、愛のある人は、わが身を犠牲にしても、愛を実現する』とおっしゃっている」とか、「孟子は、『命と義は、どちらも大切であるが、両者をかねることができない時は、命を捨てて、義をとらなければならない』とおっしゃっている」とか、そういうことを言い、書物をのせる台を叩きながら、大声を出して、偉そうに講義している儒学の先生たちがいます。その先生たちの言葉に、じつは中身は何もありません。

〝ただウルサイだけ〟です。それが、〝ただウルサイだけ〟ということを知らないまま、「へぇー」と感心し、そんな学者たちの話を聞いて、一生をすごすような愚か者もいます。

あなたも、その一人です。

余話

この手紙を書いたころも、松陰は、「飢えて死ぬ、上の人を諫《いさ》めて死ぬ、首をくって死ぬ、罪を負って死ぬ、すべてよいでしょう」などと書いています。しかしその一方で、その文章につづけて、「そうではなくて、一生を生きてみるのもよいでしょう」とも書いています（野村和作あての手紙・安政六年四月ごろ）。

このころ、松陰が、「生きて日本を支える」という希望をもちはじめていたことは、先にも引いた手紙の「うぬぼれかもしれませんが、私、吉田松陰は、神国・日本のために自愛しなければなりません」（野村和作あての手紙・安政六年四月十四日）という言葉からも確かです。また、この年の四月ごろに書かれた野村和作あての手紙にも、野山獄を出されたあとの自分の人生について、松陰は、こういう「計画」を語っています。

「私は今年、三十歳です。幕府からの処罰を受けて、五年になります。今から、あと五年もしたら、幕府から許されるかもしれません。わが長州藩も、参勤交代を三度もするうちには、藩政府の役人も一変するでしょう。そうしたら、きっと出獄の時が来るはずです。出獄して五年は、バカのような顔をして、田舎で何もせずに暮らし、そのあと他国に出ます。他国に出て五年したら、立ち上がります。その時、私は四十六歳です」

そして、この手紙の最後に、松陰は、こう書いています。

「私の計画の、ほんのはじめのところを言っておきます。日蓮は、鎌倉幕府が盛んな時であるにもかかわらず、盛んにその道を広めました。北条時頼も、日蓮を止めることはできませんでした。その行いやその苦労を、私たちも尊び、その成果を信ずべきでしょう。そこが、そう……そここそが、大切なところなのです」

おそらく松陰は、数年後に出獄することができれば、まずは言論で、あたかも日蓮が、みずからの教えを説いたように、「尊皇攘夷」の理想を全国各地で説いて回ろう……、と考えていたのかもしれません。松陰ならば、それはそれで、大きな政治変革につながる行動になったでしょう。

しかしながら、このころになると、もう松陰の知らないところで、松陰をめぐる状況は、大きく動きはじめていました。これまで松陰が、求めても求めても……与えられなかった、あの〝死〟が、ひたひたと忍び寄ってきていたのです。

安政六年四月十九日、幕府から江戸の長州藩邸に、松陰を江戸に送れ……との命令が届き、二十一日、その幕府からの命令を伝えるため、長州藩の直目付《じきめつけ》という役職についていた長井雅楽《うた》などが萩へと向かいます。

おそらく長州藩の首脳部は、〝自分の藩を無事に存続させること、それこそが正義である〟と信じていたにちがいありません。そのため、「尊皇攘夷」という理想をかかげ、長州藩が立ち上がることを主張しつづける松陰は、とても〝迷惑な存在〟だったはずです。ですから、「これ幸い」というわけでもないでしょうが、松陰を助けようとする努力を、そのころの長州藩はわざとしなかった、という説もあります。じゅうぶんありうる話です。

いつの世も、「正論」にのっとって「変革」を唱える人は、周りから見れば、〝煙たい存在〟であることには変わりありません。もしも、ある組織のなかで、多くの人が〝保身〟しか考えていない時、誰かが、〝たとえ私自身や、私たちの組織が、多大な犠牲を払うリスクがあろうと、私たちは、世のため人のために、勇気をふるって動かなければなりません〟と主張しはじめたら、どうでしょう？

「正論」ですから、周りの人々も、正面から反対することは、なかなかむずかしいかもしれません。しかし、かならず一部の人物は、いろいろな理由をつけて、その人を排除しようと動きはじめます。もしかしたら、その人に対する陰口や悪口を言いふらしはじめるかもしれません。あるいは、小さなミスを大げさに騒ぎ立てて、その人を窮地に追いやろうとしはじめる……かもしれません。

しかし、そのようにして〝正義の人〟を追放した人々には、多くの場合、ろくな未来は待っていないものです。たとえば、長井雅楽は、文久元（一八六一）年に「航海遠略《こうかいえんりゃく》策《さく》」という主張をして、一世を風靡しますが、アッというまにその勢いは衰え、松下村塾の門人たちからつけ狙われることになります。そして、結局のところは、松陰が刑死した四年後の文久三（一八六三）年に、藩から切腹を命じられているのです。時に、四十五歳でした。

そして今……、松下村塾も、それを代表する何人かの門人たちの旧宅も、史跡として大切に保存されていますが、長井雅楽の旧宅跡には、小さな石碑が立っているだけです（平成二十三年九月現在）。「おごれる人も久しからず……」ということでしょう。

さて、安政六年も、五月となります。その十四日の午後、兄の杉梅太郎（民治）が、「野山獄」を訪れました。この時、松陰は、自分を江戸に送れ……という命令が、幕府から出たことを知ったのです。それを聞いた瞬間、松陰は「それはでかした」と言って喜んだそうです（「杉民治談話」・明治三十六年ごろ）。

なぜ喜んだのか、ここまで読んでこられた方には、およその見当はつくと思います。たぶん松陰は、〝自分の命の、よい使い道が見つかった〟という思いだったのでしょう。

しかし、そのような事態になっても、長州藩の重臣たちが心配していたのは、〝自分たちのこと〟でした。重臣たちは、松陰が江戸に行って、よけいなことをしゃべるのではないか……とか、門人たちが何か行動を起こすのではないか……などと、そんな心配ばかりしていたのです（「萩より江戸へ松陰東送前日の幕命通報」・安政六年五月二十四日）。

そして長州藩は、五月二十五日、松陰の父兄がついていた藩の役職を、大あわてで罷免してしまいます（「松陰父兄の処罰命令書」）。世の中というのは、いつも、そのようなものです。

しかし、そのような世の中の〝空気〟に負けない人々もいます。何より松陰自身が、そして松陰の家族や信頼している門人たちが、そのような人々でした。

第四章　死生を決す

第一節　不朽の見込み——高杉晋作あての手紙（安政六年七月中旬）

前書

安政六（一八五九）年五月、〝松陰先生が江戸に送られるらしい〟という話が広まると、多くの人々が松陰を訪ねてくるようになりました。そのことについて、松陰は、こう書いています。

「今まで会ったことのない人までが、やたらと絹の布や扇などを持ってきて、何か一筆書いてください、と私に求めてくるのです。私は、筆をふるって、その人たちの望みをかなえています」(『東行前日記』)

多くの人々が、松陰の死を予感したのでしょう。それで、まるで現代人が〝有名人のサイン〟を求めるような気分で、あまり関係のなかった人たちまでが押しかけてきて、残り少ない松陰の時間を奪っていきます(いつの世にも、そういう、ずうずうしい人はいるものです)。

疎遠になっていた門人たちも、松陰を訪ねてくるようになりました。松陰は、これまでのいきさつにこだわらず、訪ねてくる者を、みなこころよく受け入れています。

松浦松洞が松陰の肖像画を描いたのも、このころです。松洞は、人々の求めに応じて、七枚も描きます。七枚目になると、さすがにモデルになっていた松陰も、厭《あ》きてきたようですが、それでも松陰は、鏡に映した自分の顔と、松洞の肖像画を見比べて、いろいろと批評したといわれています。これらの絵だけが、生前の松陰を目の前にして描かれたもので、それらの絵が、松陰の面影を今日に伝える貴重な史料の一つになっている……ということは、すでに申し上げたとおりです。

もっとも、後年、門人たちの間から、「松洞の絵は、松陰先生に、あまり似ていない」

という不満の声が出ています。明治時代になって品川弥二郎が、疋田雪洲に松陰の木像の制作を依頼したのも、もともと門人たちの間に、そういう声があったからでしょう（本書の扉の写真を参照してください）。

さて、そのようにして、つぎつぎと描きあがる肖像画に、小田村伊之助が、松陰自身が一文を書き入れてはどうか、と勧めます。いわゆる「賛《さん》」です。

松陰が書いたその「賛」の一つには、松陰が最も心の支えとした『孟子』の言葉が、ほとんどそのままのかたちで引かれています。そのもとになっている『孟子』の一文とは、こういうものです。

「誠をきわめれば、その力によって動かしえないようなものは、この世の中には一つもない」（原文・「至誠にして動かさざる者は、未《いま》だ之れ有らざる也」）

もしも、吉田松陰を象徴する言葉を、一つあげるとすれば、何といっても、この「至誠」という二文字……ということになるでしょう。松陰は、「至誠」によって、幕府の役人たちの心をも動かしてみせる……という意気込みで、今度の〝江戸送り〟にのぞんでいたようです。そのことは、そのころ小田村伊之助に与えた一文で、先の『孟子』の一文をかかげたあと、こう書いていることからもわかります。

「私は、学問をつづけて二十年……、年も三十になりました。しかし、いまだにこの言葉を、心の底から理解していると言えるかどうか、私自身にもわかりません。今回、私は、これから江戸に送られることとなりました。できれば私は、一身を懸けて、今こそ、この言葉を、ほんとうに理解できるかどうか、ためしてみようと思います」(『東行前日記』)

いろいろな人から「一筆、書いてください」と求められ……、つぎつぎと肖像画のモデルになり……、さまざまな人々に手紙や文章を送り……と、忙しい十日間がすぎます。おそらく松陰は、この間に金子重之助の追悼文集『冤魂慰草』も完成させたのでしょう。

また、松陰にとって、いわば〝重之助の再来〟ともいうべき存在だった野村和作には、五月十六日に、こういう和歌を贈っています。

「云《い》はずても　君のみは知る　吾が心　心の限り　筆も尽くさじ」（『東行前日記』）
歌意は、こうです。「言わなくても、君だけはわかってくれているでしょう。私の心のなかにある思いを……。それはとても文章などに書きつくせるものではありません」。

やがて五月二十四日、藩政府から、松陰の父・杉百合之助（常道・恬斎《てんさい》）のもとに、松陰を役人に引き渡すように……との命令が出されます。〝かたちの上〟では、松陰は〝父のもとに預けられている〟ということになっていたので、父にそういう命令が出たのです。

しかし、もしも〝かたちの上〟だけでも、そうなっているのであれば、「松陰先生」を「野山獄」から江戸に向かわせるのではなく、せめて一度、家に帰らせるべきではないか……と、はたらきかけた門人がいます。久坂玄瑞です。

玄瑞は、「野山獄」の役人・福川犀之助《ふくがわさいのすけ》にはたらきかけます。犀之助はそもそも松陰を尊敬してやまない人でしたから、二十四日の夜、たった一晩だけですが、松陰に〝家に帰ってもよい〟という許可を与えます。

犀之助は、処罰されるのも覚悟の上で、そういう許可を出したのですが、そのあと、やはり処罰をうけました。しかし、それはとても軽いもので、つまり……、幕府や藩にもそれくらいの〝人情〟はあった、ということです。

ちなみに、久坂玄瑞は、高杉晋作とならんで、松陰の門人の双璧として知られていますす。残念ながら、あまりにも早く亡くなったせいもあって、晋作ほど、世間では知られていません。

玄瑞は、松陰の死から、わずか五年後の元治元（一八六四）年、「禁門の変」に敗れ、数え年で二十五歳という若さで切腹しているのです。満年齢でいうと、たぶん二十四歳ではなかったか、と思われます。

松陰が、数多い門人のなかで、もっとも、その〝指導者としての才能〟を期待していたのは、たぶん玄瑞だったでしょう。現実に、玄瑞は、その短い人生の間に、じゅうぶん松陰の期待に応える活躍をしています。

たとえば、明治維新のあと、あの西郷隆盛が、こういうことを言っています。

「今、俺が少しばかりの手柄があったからというて、皆にチヤホヤされるのは、額に汗が出るような気がする。もし東湖先生（藤田東湖）や、久坂玄瑞、その他の諸先輩が生きておられたなら、とうてい、その末席にも出られたものじゃない。それを、ああいう先輩方が、早く死なれたために、俺のような者が、豪《えら》そうに言われるのは、恥かしゅうてならぬ」（頭山満『大西郷遺訓』）

その玄瑞のはたらきで、松陰は、たった一晩ですが、なつかしいわが家に帰ることができました。その晩のことは、妹の児玉千代の回想録に書き残されています（本書第七章を参照してください）。

その回想録によると、その晩、松陰の母は、お風呂を焚いたそうです。そして風呂に入っている松陰に、こう言ったといいます。

「もう一度、江戸から帰ってきて、機嫌のよい顔を見せておくれよ」

すると、松陰は、「お母さん、そんなことは、何でもありませんよ。私は、きっと元気な姿で帰ってきて、お母さんの、その優しいお顔をまた見にきますから……」と、言ったそうです。

むろん、〝それはたぶんムリであろう……〟ということは、松陰も母も、わかっていたと思います。けれども、母親思いの松陰のことですから、そういう場合だけは、たとえ〝ウソ〟をつくことになっても、心を励まして、そう言ったのでしょう。

夜が明けて五月二十五日……、いよいよ松陰は江戸に向かいます。この日は、松陰が尊敬してやまなかった忠臣・楠木正成が討死した日でもありました。

〝これで萩の城下が見えるのは最後〟という場所があります。そこに、旅人が別れを惜しんで涙を流す……という意味でつけられた「涙松」と呼ばれる松の木が立っていました。

そこにしばらく駕籠を止め、その戸を開けた松陰は、雨にかすむ萩の町を、ジッと眺めていたそうです。そして松陰は、その松によせて、こういう和歌を詠んでいます。


「帰らじと　思ひ定めし　旅ならば　ひとしほぬるる　涙松かな」（『涙松集《るいしょうしゅう》』）

歌の意味は、こうです。「もう二度と帰ってくることもなかろうと、心を決めた旅だからでしょう……、涙松が、いつもより濡れているように思われます」。

しかし、そうは詠みつつ、松陰は、すこぶる元気に、江戸への旅をつづけます。たぶん

〝湊川〟での合戦に向かう時の、楠木正成のような心境だったのかもしれません。
おそらく、この時、松陰の脳裏には、南宋の謝枋得（一二二六―八九）がつくった、ある漢詩も去来していたことでしょう。謝枋得は、元に仕えるのを拒否して怒りをかい、その結果、元の都に護送されるのですが、その時につくった漢詩のなかに、このような一節があります。

「雪中の松柏、いよいよ青々、綱常《こうじょう》を扶植《ふしょく》するは、この行にあり」（大意・「ふりつもる雪のなかで、松や柏は、ますますその青さが映え、その美しさがきわだってくる〔それと同じように、ほんものの道義心も、困難のなかでこそきわだってくる〕。人の踏み行うべき道である三綱《さんこう》〔君臣・父子・夫婦の道〕と五常《ごじょう》〔三綱に兄弟・朋友の道を加えたもの〕を、この世に生きたかたちであらわし、それをこの世にとどめておくところに、今回の護送の旅の意味がある」）

謝枋得は、そのあと、元に仕えることを拒否したまま、絶食して自決しています。
謝枋得の事跡やその漢詩は、江戸時代の山崎闇斎学派の学者・浅見絅斎《けいさい》（一六五二―一七一二）が書いた『靖献遺言《せいけんいげん》』という本のなかにあげられています。その本は幕末の志士たちの、いわば〝必読書〟と言ってよいものでした。当然のことながら、松陰も『靖献遺言』を読んでいて、それを読み終わったあとの感激を記した文章も残されています（「同囚富永弥兵衛に与ふる書」・『野山獄文稿』）。ですから、松陰は、これからの自分の護送の旅と、謝枋得の護送の旅を、たぶん重ね合わせて考えていたはずです。

江戸の長州藩邸に到着したのは、六月二十五日ですが、その道中、驚くべきことに松陰は、六十一首の漢詩を集めた『縛吾集《ばくごしゅう》』という漢詩集と、二十首の和歌を集めた『涙松集』という和歌集をつくりあげています。むろん松陰は、〝容疑者〟として護送される旅の途中です。ですから、筆も紙も与えられませんでした。しかし、護送の役人のなかに、松陰の支援者が入り込んでいて、松陰が口述する言葉を書き留めてくれたのです。

江戸に着く前日（六月二十四日）、松陰は、現在の横浜市あたりを通過し、亡き金子重之助を思う漢詩をつくっていますが、そのなかに、こういう一節があります。

「護送の籠の窓を開けて、亡き金子重之助を思えば、すでにこのあたりには、外国人の悪い気が満ちています。きわめて暑いこともあるのでしょうが、生臭い臭気が立ち込めているかのようです」(『縛吾集』)

「罪人」として江戸に入るのは、「下田踏海事件」以来で、二度目になります。江戸には、松陰が期待している門人の一人、高杉晋作が待っていました。

晋作は、前年(安政五〈一八五八〉年)の八月から、江戸に遊学していました。晋作の遊学は、松陰が側面から応援してくれたこともあって、実現したもののようです。

松陰が江戸に着いた時、晋作は、まだ二十一歳でした。それからあと晋作は、獄中の松陰と、ほぼ四か月の間、手紙のやりとりをつづけました。江戸に来てからも、松陰は、さまざまな人々と頻繁に手紙のやりとりをしていますが、この時期にかぎっていえば、晋作にあてた手紙が、とくに多く残っています。晋作との手紙のやりとりによって、松陰は、いろいろな情報を受けたり、伝えたりすることができました。

また、晋作は、獄中の松陰に、お金や本の差し入れを頻繁に行っています。獄舎とその外の世界との間では、手紙の往復一つをするにしても、かなりのお金が必要でした。

かつて江戸には、松陰の門人たちが何人も遊学していたのですが、そのころは、その多くが、ちょうど萩に帰っていました。たまたま晋作が残っていたことが、松陰にとっては、不幸中の幸いだったと言えるでしょう。江戸にいる晋作との間なら、短時間で獄舎の外と連絡もできます。

そのころ晋作は（若者にはありがちなことですが……）、自分の人生について、いろいろな悩みをかかえていたようです。そのことに対しても松陰は、とても懇切な返事を書いています。

これからあげるのは、その返事のなかの一つなのですが、それにしても、自分が処刑されるかもしれないという大変な時に、よくもまぁ……冷静な心で、若者の人生相談にのれるものだ……と、私などは感動を禁じえません。長い手紙なので、ここでは、その「死生観」にかかわる部分のみをあげておきます。

▼高杉晋作あての手紙（安政六年七月中旬）・本文

あなたは私に、こう質問しました。「男らしい男として、どういう時に死んだらいいのでしょうか？」。

そのことについてですが、私は、昨年の冬から、〝死〟の一字については、ずいぶん考

えが深まりました。明の思想家・李卓吾《りたくご》の『焚書《ふんしょ》』を読んだおかげです。

さて……、それではその書に、どういうことが書いてあったのか、ということですが、話し出せばきりがありません。今、その要点を言うと、こういうことになります。

〝死とは、好むものではない。また、憎むものでもない。正しく生ききれば、やがて心が安らかな気分になる時がくる……、それこそが、死ぬべき時である〟

世の中では、たとえ生きていたところで、体だけが生きていて、心が死んでしまっている……という人がいます。その逆に、体は滅びても魂は生きている……という人もいます。たとえ生きていても、心が死んでしまっていたのでは、何の意味もありません。逆に、体は滅びても魂が残るのであれば、死ぬ意味はあるでしょう。

また、それとは別に、こういう生き方もあります。すぐれた能力がある人が、恥を忍んで生きつづけ、立派な事業をなしとげる……ということです。

たとえば、明の徐階《じょかい》という人は、悪い政治が行われていた時、正しいことをした部下を見殺しにしています。これは、ヒドイことかもしれません。しかし、そのあとで、その悪い政治の大もとになっている人物を追放し、正しい政治改革をなしとげました。これは、そういう生き方の一例です。

また、私心もなければ私欲もない……という立派な人物が、時のはずみで、死ぬべき時に死なないまま、生きながらえてしまう……ということもあります。しかし、それはそれで、何の問題もありません。南宋の文天祥《ぶんてんしょう》は、元の軍隊に捕らえられ、獄中で四年間生きながらえています。これは、その一例です。

ですから、死んで自分が〝不滅の存在〟になる見込みがあるのなら、いつでも死ぬ道を選ぶべきです。また、生きて、自分が〝国家の大業〟をやりとげることができるという見込みがあるのなら、いつでも生きる道を選ぶべきです。生きるとか死ぬとか……、それは〝かたち〟にすぎないのであって、そのようなことにこだわるべきではありません。今の私は、ただ自分が言うべきことを言う……ということだけを考えています。

余話

「死んで自分が〝不滅の存在〟になる見込みがあるのなら、いつでも死ぬ道を選ぶべきです。また、生きて、自分が〝国家の大業〟をやりとげることができるという見込みがあるのなら、いつでも生きる道を選ぶべきです」（原文・「死して不朽《ふきゅう》の見込あらば、いつでも死ぬべし。生きて大業の見込あらば、いつでも生くべし」）という一文は、有名です。ここには、先の「自然説」と、ほとんど同じ考え方が書かれています。

ですから、松陰の「死生観」は、もうほとんど揺らぎのない〝澄み切った境地〟に達していたといえるでしょう。もちろん、その境地は、それまで松陰が、さまざまな〝行い〟と〝学び〟をつづけてきた結果えたものなのでしょうが、松陰はこの手紙のなかでは、そのような境地に達することができたのは、李卓吾の『焚書』を読んだおかげである……と言っています。

李卓吾（贄《し》）というのは、明の時代の思想家です。西暦で言うと、生まれたのは一五二七年で、没したのは一六〇二年ですから、日本でいえば、戦国時代から安土・桃山時代に生きた人ということになります。

卓吾の家は、先祖代々、厳格なイスラム教徒であったそうです。五十九歳からの十数年間に、生涯のうちで、もっとも盛んに著作活動を行っています。『焚書』『蔵書』などは、このころの著作です。

しかしながら、その思想は、現代の学者からでさえ、「思想的暴徒、それが李卓吾であった」（島田虔次『朱子学と陽明学』）と言われているほど過激なものです。そのため政府から弾圧を受け、ついには逮捕されてしまいます。そして、最後には北京で自殺しました。時に七十六歳です。

死後、卓吾の書いたものは、すべて焼き払われます。やがて王朝が交代し、清の時代になりますが、それでも、なお卓吾の著書は、「禁書目録」、つまり、「読んではいけない本」のリストに入っていました。


ちなみに、この手紙を受け取っている高杉晋作についてですが、晋作は、坂本龍馬とならぶ〝幕末のヒーロー〟ですから、ここであらためて説明するまでもないでしょう。松陰の死後、晋作は、まるで松陰の魂を宿したかのように激烈な人生を送り、慶応三（一八六七）年に、二十九歳（満年齢では二十七歳）という若さで病死しています。

短い生涯のなかで、晋作は、さまざまな名前を使っているのですが、そのうちの一つに「楠樹」というものがあります。たぶん晋作も、師の松陰と同じように、自分と楠木正成の「心は一つにつながっている」（「七生説」・本書第一章第二節を参照してください）と信じていたのでしょう。

高杉晋作の功績は、いろいろとあるのですが、そのうちで一つあげるとすれば、やはり私は、元治元（一八六四）年から、翌年の慶応元（一八六五）年にかけての「功山寺《こうざんじ》挙兵（下関挙兵）」と、それにつづく長州藩の内戦での勝利をあげたいと思います。

それこそ、まさに〝一か八か〟という〝全滅を覚悟の上での挙兵〟でした。のちの歴史小説家などは、たとえば司馬遼太郎氏などもそうですが、「かれの両眼だけが、未来の風景を見ていた」（『世に棲む日日』）などと、まるで晋作が、勝利を見通していたかのようなことを書いていますが、「功山寺挙兵」の時の晋作には、たぶん〝勝つ見込み〟は、ほとんどなかったと思います。

なにしろ、そのころの長州藩は、二千人ほどを動員できたのに対し、それに戦いを挑もうという晋作は、はじめはわずか八十人ほどしか動員できなかったのです。〝正常な判断力〟をもっている人なら、けっして二十数倍もの敵を相手に、戦いを挑むようなまねはしません。

それでも、晋作は挙兵しました。その点について、一坂太郎氏は、こう書いています。

「いかに生き、いかに死ぬべきかを、つねに真剣に考えて来た晋作である。勝敗は問題ではなく、自分自身が真っ先に、成算の無い戦いに身を投じる『決意』を見せる事こそが大切だったのだ。そうすれば、たとえ自分は敗れて死んでも、後の誰かが奮起してくれると考えたのだろう。……それは、計算や根回しから出た判断ではない。物事を義と公に照らして恥じないならば、断固、行動すべしという……正道を歩む行動だったと言える」(『高杉晋作』)

たぶん、そのとおりではないかと思います。しかし、「義」も「公」も、ピンとこなくなった戦後の日本人には、これは、なかなか理解しがたい心境でしょう。

この手紙のなかで、松陰は、晋作に「今の私は、ただ自分が言うべきことを言う」と書いていますが、それになぞらえて言えば、「功山寺挙兵」の時の晋作も、たぶん「今の私は、ただ自分が行うべきことを行う」という心境だったと思います。そのように考えてみると、松陰の「死生観」は、たしかに晋作に受け継がれているようです。

しかし、一人ひとりの心の底にある「死生観」は、たとえ親子でも、そう簡単に受け継ぐことができるものではありませんし、ましてやそれが、他人どうしである先生と門人の間であれば、なおさらむずかしいでしょう。それにもかかわらず、なぜ松陰の「死生観」

は、晋作をはじめとする数多くの門人たちの心に受け継がれたのでしょうか？
松陰は、江戸に送られる三日前（安政六年五月二十二日）、『照顔録《しょうがんろく》』という教訓書を書いていますが、その本のなかに、こういう一文があります。

「死んだ友を、裏切るような生き方をする者を、どうして〝男らしい男〟と呼べるでしょうか」（原文・「死友に負《そむ》く者、安《いずく》んぞ男子と称するに足らんや」）

松陰が、金子重之助の死後、〝亡き重之助に恥ずかしくない生き方をしなければならない〟と思って生きてきたことは、本書のなかで、しばしば書いてきました。自分がそのように願い、そのように生きてきたということについて、松陰は、自分でもいささか自負するところがあったのではないか、と思います。

そして、ふと……自分の門人たちを見わたすと、彼らの個性や才能は、たしかにさまざまでしたが、少なくとも〝死んだ友を裏切るような生き方〟をするような卑怯者は、ほとんどいない……と、松陰は見抜いていたにちがいありません。ですから松陰は、〝もしもそうであるなら、自分が、みごとに「死んでみせる」ことができれば、かならず彼らは立ち上がってくれる〟と信じたのでしょう。

つまり、松陰にも、その門人たちにも、それぞれの心の底に〝死んだ友を裏切るような生き方だけは、けっしてしない〟という高い道徳心が、共通してあったのです。松陰の「死生観」が数多くの門人たちに受け継がれることになった理由は、その道徳心が、師弟に共通する〝心の基盤〟として、そもそもあったことが大きいのではないでしょうか。

「死者の目」を意識して生きる……ということは、日本人の〝心の基盤〟です。そもそも日本人ほど「先祖」を大切にしてきた民族はいません。

けれども、戦後の日本では、その正しい〝心の基盤〟が崩れていく一方です。それを象徴するのが、わが国を護るために亡くなった戦没者の英霊さえ粗末にして恥じない、昨今の政治や社会の風潮でしょう。

そういう今の日本人に比べて、幕末維新のころの、わが国の心ある人々は、「尊皇攘夷」の理想のために死んでいった人々を、ていねいにお祭りしています。たとえば、今も山口県の下関には、「桜山神社」がありますが、この神社は、高杉晋作の発案で、元治元（一八六四）年に創建されたものです。長州藩の出身者で、幕末のころ「尊皇攘夷」の志に殉じていった三百九十六柱の英霊が祭られています。これは日本で初の「招魂社《しょうこんしゃ》」で、そこにあらわれているものと同じ思いが、やがては今の靖国神社へとつながっていくのです。

しかし、今の日本に目を転じると、元首相・小泉純一郎氏のあと、総理大臣として、堂々と靖国神社に参拝した人は、何人いるでしょう？　残念ながら一人もいません。民主党政権になってからは、大臣さえ、一人も参拝しなくなりました（平成二十三年九月現在）。近ごろ、わが国には、さまざまな大きな災いがつづけざまに起こっていますが、今の日本の政治家たちのそのような心（あるいは、そのような政治家を選んでしまう国民の心）と、それらの災いは、まったく無関係とは、言えないような気がします。

老若男女を問わず、今の日本には、日本のために命をささげた人々の魂（英霊）に対して、何の敬意もささげない（ささげられない）人々が少なくありません。私は、そのような人々は、もう〝心のなかが日本人ではなくなっている〟のであろう、と思っています。

ともあれ、このままでは、日本人の〝心の基盤〟は、これからも崩れていくばかりです。日本を正しく興隆させるためには、日本人の〝心の基盤〟をよみがえらせなければならず、日本人の〝心の基盤〟を再生させるためには、まずは日本人一人ひとりの心のなかに〝死んだ友を裏切るような生き方だけは、決してしない〟という思いを、よみがえらせるところから、はじめるべきではないでしょうか。

さて、話を「功山寺挙兵」にもどします。結果的には……、この晋作の挙兵とその勝利が、「禁門の変」のあと意気消沈していた長州藩を、ふたたび〝戦う長州藩〟へと回帰させました。

そして、その長州藩が、のちの「四境戦争《しきょうせんそう》」では、ほぼ十倍の兵力をもつ幕府軍を破り、明治維新という大業への扉を開くのです。そして、明治維新によって成立した近代日本は、弱肉強食の厳しい国際情勢のなかで、〝有色人種で唯一の近代国家〟をつくりあげます。

さらにいえば……、そのようにして出来上がった近代日本が、やがて欧米によるアジア・アフリカ・オセアニアの植民地支配体制を、日清戦争、日露戦争、大東亜戦争という想像を絶する多くの苦難を乗り越えつつ、打破していくのです。こうして十九世紀から二十世紀の歴史を見ると、松陰の「尊皇攘夷」の志は結果的には実現した、と言っていいのかもしれません。

そのような大きな歴史の流れを考えた上で、あらためて松陰の「留魂」という一言を見ると、そこに秘められた意味の〝すさまじさ〟が、伝わってきます。松陰の「留魂」は、もしかしたらわが国にとどまり、今も国の行く末を憂えて、目には見えないところで、はたらきつづけているのかもしれません。

第二節　今日の訪れ――父と叔父と兄あての手紙（安政六年十月二十日）

前書

安政六（一八五九）年六月二十五日、江戸の長州藩邸についた松陰は、しばらく藩邸内の留置場で過ごします。この間、藩の役人たちからは、「とにかく、藩に迷惑をかけるようなことを、しゃべるな」と言われたようです。

七月九日、「評定所」という、いわば当時の最高裁判所に呼び出され、取り調べを受けます。ふつうの人間なら、「死刑になるかもしれない」と、ひたすら怯えるところでしょうが、松陰の心のなかは、それとは、まったくちがう思いに満ちていました。〝いよいよ幕府の役人たちに対して、言うべきことを言える時がきた〟と、奮い立っていたのです。

その日、松陰は藩邸の留置場を出る時、こういう和歌を詠んでいます。

「待ち得たる　秋のけしきを　今ぞとて　勇ましく鳴く　くつわ虫かな」（『涙松集』）

歌の意味は、こうです。「待ちに待った秋の景色が、今、目の前に広がっています。〝この時を逃してはならない〟と、くつわ虫は、勇ましく鳴いています」。「くつわ虫（轡虫）」の「くつわ（轡）」とは、言うまでもなく、馬の手綱《たづな》をつけるための金具です。松陰は、この虫の名前にかけて、いわば自分の〝出陣〟への思いを詠んだのでしょう。

その取り調べのようすは、高杉晋作への手紙（安政六年七月九日ごろ）に詳しく書かれています。それによると、評定所の奉行（松浦注・いわば当時の裁判官）は三人いたそうです。そして、まず奉行たちは「おまえは、梅田雲濱という志士と会ったはずだが、何を語り合ったのか」と尋問します。松陰は、「たいした話はしていません。学問の話をしたくらいです」と答え、あっけなく、この話は終わりました。

つぎに奉行たちは、「京都御所に〝落文《おとしぶみ》〟（松浦注・公然とは言えないことを書いて、道などに落としておく、無記名の文書で、今日でいう「怪文書」のようなもの）があったが、それはおまえが書いたのではないか」と尋問します。松陰は、「まったく覚えがありません」と答えました。

しかし、奉行たちは、この件については、しつこく聞いてきます。それでも松陰は、「そもそも、その落文に使われている紙は、私がいつも使っているものではありません」と言い張り、この話も、また、あっけなく終わっています。これで、すべての取り調べは、終わってしまいそうでした。

しかし、〝これで主要な話は終わりですよ……〟と見せかけ、相手を油断させておいて、じつは、ほんとうに聞きたいことを、そのあと雑談のようなかたちで聞き出すというのは、今でも、心理戦に長けた老練な人物が、ときどき使う手法の一つです。松陰は、その手法にのせられてしまいます。

どうやら松陰は、奉行たちの〝好意〟を信じていたようです。そして、「下田踏海事件」からあと、自分がしてきたことを、くわしく語りはじめるのです。

それをひととおり聞いたあと、さらに奉行たちは、こう言います。「これは、取り調べとは関係のないことだけれども、おまえの理想とするところを、もっと、くわしく聞かせてはもらえないか……。いや、長くなってもかまわないから……」。

信じられないことに、それを聞いて松陰は、奉行たちに心から感謝してしまいます。そして、積年の思いをぶつけるかのように、夢中で話をしつづけたのです。

そして、とうとう松陰は、「私には、死罪にあたるような罪が二つあります」と言ってしまいました。「ほぉ……それは？」と聞かれると、松陰は、こう言います。

「その一つは、公家の大原重徳卿に、長州藩におこしいただき、藩主をお諌めしようとしたことです。もう一つは、老中の間部詮勝殿を、お諌めしようとしたことです」

自分から言う必要もないことを、松陰は語ってしまいました。さすがに、大原重徳をかついで「挙兵」しようとしたとか、間部詮勝を「要撃」しようとしたとまでは、言っていません。しかし、それでも、奉行たちを驚かすには、じゅうぶんな話で、そのあと取り調べは、いったん休憩……ということになりました。

そして、休憩が終わって、取り調べが再開されると、奉行たちの〝ものわかりのよさそうな態度〟は一変していたのです。そして、彼らはこう言い放ちました。

「もしも間部老中が、おまえの言うことを聞かなかったら、おまえは、ほんとうは老中を斬り殺そうとしたのであろう！」

すぐに松陰は、「その時、どうするかまでは考えていませんでした」と、答えます。しかし、もはや奉行たちは、聞く耳をもちません。奉行たちは松陰に、「覚悟せよ！」と言い放ちました。こうして第一回目の取り調べは終わり、そのあと松陰は、四年十か月ぶりに、伝馬町の獄舎に投獄されるのです。

獄舎には、「はじめに」で紹介した沼崎吉五郎がいました。沼崎は、福島藩士の家臣でしたが、殺人の容疑で投獄されていたのです。そのころは牢名主でした。松陰のことを知っていて、たいへん尊敬していましたから、投獄されると、すぐに松陰は「上座の隠居という、特別の座席」を確保してもらい、獄中生活は、とても「安楽」であったようです（久保清太郎・久坂玄瑞あての手紙・安政六年八月十三日）。

二回目の取り調べは九月五日に行われました。前回とは一転して、おだやかな取り調べであったようです。そのせいでしょう、その翌日の手紙のなかには、松陰の楽観的な言葉を、たくさん見ることができます。「奉行たちは、私を殺すまいとしてくれているようです」「国もとで、また謹慎になるか、あるいは他の大名家に預けられるかもしれません」「もしも私が出獄できれば……」（堀江克之助《ほりえよしのすけ》〈芳之助〉あての手紙・安政六年九月六日）。

三回目の取り調べは十月五日に行われました。松陰は、その翌日の手紙で、こう書いています。「周りの人々は、たぶん私は、また長州に帰ることになるのではないか、と言っています」（高杉晋作あての手紙・安政六年十月六日）。

また同じ日の別の人物あての手紙にも、こう書いています。「死罪は免れるでしょう。島流しでもないでしょう。……重ければ他家に預けられるでしょうし、軽ければ、もとのように野山獄にもどるのではないでしょうか」（飯田正伯《しょうはく》あての手紙・安政六年十月六日）。

〝なんのことはない。また、前の下田踏海の時と同じような結末になるのではないか〟。それが、そのころの松陰の〝読み〟でした。

しかし、事態は急展開します。橋本左内、頼三樹三郎、飯泉喜内《いいいずみきない》の三人が処刑された、という情報が入ったのです。先の楽観的な手紙の二日後、松陰は、高杉晋作にあてて、こう書いています。

「私は、たとえ処刑されなくても、島流しは免れないのではないかと覚悟しました」「〝間部を討ち果たす〟という、私のほんとうの企てを（知ってか知らずか、いずれにせよ私が評定所で語ったとおり）〝間部を諫める〟ということにしてくれたのは、役人たちの慈悲です」（高杉晋作あての手紙・安政六年十月八日）

そのころになると、松陰は、もう自分の過去の、さまざまな過激な計画のことは、黙っておこうと思いはじめたようです。それは、たぶん奉行たちの「慈悲」に応えなければならない、と考えてのことでしょう。

このような取り調べの経過を見てくると、どう見ても松陰は、あまりにも〝お人よし〟すぎたように思われます。しかし、あるいは奉行たちも、そのころまでは、ほんとうに松陰を「島流し」で終わらせようとしていたのかもしれません。

ところが事態は、さらに暗転します。十月十六日に行われた第四回目の取り調べになると、松陰はそれまでの自分の考えが、ずいぶん〝甘かった〟ことを、つくづくと思い知らされることになるのです。この時、松陰の「口述書」が読み上げられました。しかし、その文書では、松陰が言ってもいないことが、あたかも言ったかのように書かれていたのです。

二回目と三回目の取り調べ（九月五日・十月五日）のさい、松陰は、間部老中を「死を覚悟して」諫めようとした……と、確かに言っています（『留魂録』第六条・本書第五章第二節を参照してください）。しかし、その言葉が、十月十六日の「口述書」では、間部老中と「刺し違え」ようと考えていた……とか、それを妨害する者がいれば「斬り払う」つもりでいた……などと言ったことにされていたのです。

松陰は、「〝刺し違え〟などということは、思いもよらないことです。〝斬り払う〟というのも、私の考えていたこととはちがいます。私が言ってもいないことを、なぜ、言ったかのように書くのですか」と激しく抗議します。すると役人たちは、「そのようなことは、罪の軽重には関係ないことなので、その二つの言葉は削除してもよい。その上でのことだが、そのほかのところは、この口述書に異議はないか」と言いました。

そして奉行たちは、その「口述書」の終わりの方を、くりかえし読み上げました。そこには、「幕府に対して不敬きわまりない」などという言葉がありましたので、それを聞いて、松陰は、「もはや、とても生きる道はない」と覚悟します。

そして、これまでの取り調べを思い出しつつ、松陰は、こう思わざるをえませんでした。「奉行たちの、あの、やさしげな取り調べは、その必要もないのに、私をダマすためだけのものであったらしい。……彼らは、やはり私の首を取るつもりなのであろう」。

覚悟を固めた松陰は、いさぎよくその「口述書」を認める、という意味の署名をします。これで「死罪」は確定しました。

そのことについて松陰は、こう語っています。「橋本左内や頼三樹三郎などの有名人と同じ〝死罪〟ならば、それは私の本望」（以上、尾寺新之丞あての手紙・安政六年十月十七日）。

その第四回目の取り調べの四日後に書かれたのが、これからあげる手紙です。これは、現在「永訣《えいけつ》の書（永遠のお別れを告げるための手紙）」と呼ばれています。

いわば家族への「遺言」です。そこには不思議なことに、怨みや、呪いや、憎しみなどの感情は、まったく見られません。そこに見られるのは、不思議なことに〝究極の達成感〟とでもいうようなものから、あふれ出てくる〝感謝の心〟だけです。

▼父と叔父と兄あての手紙（安政六年十月二十日）・本文

ふだんからの学問が、浅く薄かったため、誠をきわめて、天地を動かすということができず、この度、私は死罪という、ふつうではない死に方をすることになりました。さぞや、お嘆きのことと存じます。

今の私の思いを、一首の和歌にしてみました。

親思ふ　心にまさる　親ごころ　けふの音《おと》ずれ　何ときくらん（歌意・「子供には、親のことを大切に思う心がありますが、親が子供のことを大切に思う心は、それよりも、ずっと大きなものです。それなのに私は、今、このような事態になってしまいました。そのことを、お父さまやお母さまは、どれほど悲しく思っておられることでしょう」）

しかしながら、去年（安政五〈一八五八〉年）十一月六日にさしあげた手紙を、じっくりお読みくだされば、今回のことも、それほど悲しむにも、嘆くにもあたらない……と、ご理解いただけるはずです。また、去る五月、江戸に旅立つ時に、私のありのままの心を、一つひとつ、ていねいに申し上げておきましたので、もう、いまさら何も思い残すことはありません。このたび、漢文で「諸友に語《つ》ぐる書」というものも書きました。皆さんで、まわし読みしていただければ、と思います。

幕府は、正義の言論には、まるで耳をかさず、ましてそれを取り上げる気もなく、邪悪な外国人どもは、思いのままに江戸を歩き回るようになってしまいましたが、神国・日本は、まだ地に落ちたわけではありません。上には、神聖な天皇さまがいらっしゃり、下には、忠の魂や義の魄《たましい》をもった人々が満ちているのですから、日本の将来のことも、あまり悲観的になられないよう、お願いいたします。くれぐれもお体を大切にされ、どうか長生きしてください。以上、この手紙は、十月二十日に書きました。

お父さま
玉木叔父さま
お兄さま

なお、杉家のお母さまと、吉田家のお母さまも、くれぐれもお体を大切にされますよう、ひとえにお祈りしております。私が罪をえて死刑になっても、私の首くらいは葬ってくれる人があるでしょう。もしもそういう人がいたら、「まだ松陰も、世間から、まったく見捨てられたわけではなかったようですね」と、お笑いください。

児玉家、小田村家、久坂家に嫁いだ三人の妹に、五月に書いてやったことを忘れないよう、申し聞かせてやってください。くれぐれも、言っておきますが、大切なのは、人の死を悲しむことではなく、自分がなすべきことをなすことです。

私の首は、江戸に葬ってください。家では、私がふだん使っていた硯《すずり》と、去年十一月六日にさしあげた手紙の二つを、私の魂の依《よ》り代《しろ》として供養してくださるよう、お願いいたします。

その硯は、たぶん嘉永二年の七月ごろに、赤間関《あかまがせき》（下関）をめぐった折に買ったものだったと思います。この十年、私の著述を助けてくれたのですから、私にとっては、いわば〝功績のある家臣〟のようなものです。

位牌などには、ただ「松陰二十一回猛士」とのみ書いてくださるよう、お頼みいたします。

余話

「大切なのは、人の死を悲しむことではなく、自分がなすべきことをなすこと」（原文・「人を哀しまんよりは、自ら勤むること肝要に御座候」）という一文は、生きる者が「死者」に対して、どういう姿勢で臨むべきか、ということを教えてくれる言葉です。

同じころ松陰が書いた「諸友に語《つ》ぐる書」にも、こういう一文があります。

「私の死を悲しんでくれるより、私という人間をよく知ってくれた方がうれしい。そして、私という人間をよく知ってくれるよりも、私の志を受け継いで、それを広め、大きなものにしてくれる方が、もっとうれしい」（原文・「我れを哀しむは、我れを知るに如《し》かず。我れを知るは、吾が志を張りて、之《これ》を大にするに如かざるなり」・安政六年十月二十日ごろ）

言うまでもなく、親しい人との死別ほど、人にとって悲しいことはありません。しかし、もしも死者の魂が、あの世から、〝自分の死を悲しみ、ずっと沈みこんだままの親しかった人〟を見れば、きっと残念に思うでしょう。

生きている者には、たぶん生きている者にしかできない〝使命〟が残っているのです。そういう〝使命〟が残っているからこそ、私たちは今、生かされているのではないか、と思います。

ですから、やはり私たちは、故人に対しては、心を込めて供養をしつつ、また、その人の思い出も大切にしつつ……、その上で、まずは〝自分が今、なすべきつとめ〟を、誠実にはたすことが大切なのでしょう。あるいは、それこそが、私たちにできる故人への最大の〝供養〟ではないか、と思います。

さて、松陰は、「誠をきわめれば、その力によって動かしえないようなものは、この世の中には一つもない」（『孟子』）と信じていましたが、結局のところは、「死罪」という判決を受けました。しかし、そのことについて松陰は、〝その『孟子』の言葉がまちがっているのではない。私の学問が浅かったため、それで天地を動かすことができなかったのである〟と、考えています。

どこまでも、〝自分の責任〟と考えているわけですが、これは、まさしく「武士道」の心でしょう。現代人のなかには、何でもかんでも悪いことは他人のせいにしがちな（そして、何でもかんでも良いことは自分の手柄にしがちな）……、そんな醜い心の人が少なくありませんが、そのような人々の精神の対極にあるのが、ここに見られるような「武士道」の心です。

また、「神国・日本は、まだ地に落ちたわけではありません。……日本の将来のことも、あまり悲観的になられないよう、お願いいたします」というあたりを読むと、死を前にした松陰が、どれほど平静な心境であったかがわかります。ここで松陰は、これから自分が死んでいくという不安や悲しみは何も語らず、むしろ、この世に残る人々に向かって、未来の日本に希望をもって生きてもらいたい……と激励しているのです。

人は、どうすれば、これほどまでに〝強く〟〝優しく〟なれるのか……、私には、よくわかりません。しかし、この一文を、くりかえし読んでいると、そのヒントくらいは見つかるような気がします。

それは松陰が、「私」のことは、ほとんど考えておらず、心にあるのは、ただ「日本」という「公」のことだけであった……ということです。思えば、戦後の日本人は「個人主義」という美名のもと、「私」のことだけを考えるように、マスコミや学校や家庭で、さんざん〝しつけられて〟きました。

そして、そのような考え方と表裏一体になっているのが、「公」のことを考えるのは、〝古臭いこと〟とか、〝軍国主義につながること〟などとする考え方です。これも戦後の日本人が、マスコミや学校や家庭で、さんざん〝しつけられて〟きたことです。現に教師を目指す大学生たちに、「『世のため人のため』という考え方は、軍国主義につながる」と、堂々と教えている国立大学の教育学部の教師がいます。これは、その同僚の方から聞いたことです。

そのような考え方でいると、人は、どうなるでしょう? 当然のことですが、そのような考え方の人が、その人生で、どのようなことをなしとげたところで、それはすべて、結局のところ「自分のため」という意味しかもたないものになります。

しかし、人というのは、それだけでは、結局のところ〝虚しい思い〟におちいるものです。なぜなら、いつか「自分」は、それほど遠くない未来に、かならず消えるものだからです。

ですから、人の心というのは、〝自分を超えた〟ものや人につながっている……と感じた時、はじめて〝生きる手ごたえ〟を感じるような〝構造〟になっているのでしょう。つまり、「公」という意識を失ってしまうと、じつは人は、〝強く〟も〝優しく〟も、そして結局のところは、〝幸せ〟にもなれないのです。

「公」の意識というと、堅苦しくて、むずかしいことのように思う人がいますが、そうではありません。人には誰しも、心のなかに〝世のため人のために何かしたい〟という思いがあり、「公」の意識とは、その自然な思いにもとづいているものだからです。

そのことについて、昔の日本人は、こう言ってきました。「情けは人のためならず」（人にかけた情けは、まわりまわって自分のところに返ってくる）。

ですから私は、今の日本には、ほかならぬ一人ひとりの「幸せ」のためにも、「世のため、人のため」という「公」の意識をとりもどすことが、もっとも求められている、と思っています。じつはそれこそが、一人ひとりの人を「幸せ」にするだけではなく、それぞれの人を、人として〝強く〟〝優しく〟するための〝最短距離〟の道であるということを、昔の日本人は知っていたのではないでしょうか。

ところで、奉行たちの、やさしい態度の取り調べにもかかわらず、松陰に下った判決は「死罪」でした。松陰が、奉行たちに対して、一瞬、「だまされた！」と感じたのも当然のことです。しかし、はたして、ほんとうに奉行たちは、松陰をだますつもりだったのでしょうか。一説によれば、奉行たちの下した判決は、松陰の予想どおり、「島流し」だったのではないか、といわれています。

それでは、どうして、それが死罪に変わったのでしょうか？　「安政の大獄」では、志士たちが、つぎつぎと逮捕され、処刑されましたが、そのことについて、そのころ福井藩主だった松平春嶽《しゅんがく》（慶永《よしなが》）は、のちにこういうことを書いています。
「奉行たちが取り調べの上で出した結論は、重くても島流し、さもなくば、追放とか謹慎くらいで、それを見た老中も、『それくらいで、ちょうどよい』という結論であった。ところが、その書類を最終決定者の大老・井伊直弼に提出したところ、井伊は、『いささか考えたいので、一日か二日ほど待ってもらいたい。私の考えを札に書いて返すから……』と言う。
二日か三日ほど経って、井伊の考えを書いた札のついた書類が返ってきたが、そこには、『死刑』とあって、一同は驚愕した。そのころ、井伊は、飛ぶ鳥を落とす勢いがあって、誰もそれに異を唱えることができず、結局のところ、残酷な処刑が行われたのである」（『逸事史補』）
もしも、春嶽の言うとおりなら、松陰は、けっして「だまされた」わけではない、ということになります。なぜなら、奉行たちは「重くても島流し」という結論を出しているからです。しかし、奉行たちの判断は、最後にひっくりかえされます。ひっくりかえして

「死罪」にしたのは、大老・井伊直弼という人物で、そのころの〝独裁者〟です。

それでは、なぜ直弼は、奉行たちの意見を無視して、志士たちを死罪にしたのでしょう？　それは、たぶん直弼の独自の〝情報網〟によって、志士たちの言動が、こと細かに調べられ、それが過大に把握されていたからではないでしょうか。

直弼の片腕として知られる長野主膳《しゅぜん》（義言《よしゆき》）という国学者がいます。京都政界で辣腕をふるい、「義言大老」とまで言われた人物ですが、この長野は、そのころの「尊皇攘夷派」の動きを「悪いたくらみ（「悪謀」）」と決めつけ、その情報を、広く集めていました。

たとえば、安政五年十二月二十六日付で、主膳のもとに、彦根藩の宇津木六之丞《うつきろくのじょう》（景福《かげよし》）から、こういう手紙が届いています。

「長州藩の吉田寅次郎（松浦注・松陰のこと）という者は、とても力量があり、悪謀をはたらく上では、抜群の人物だそうです。それに、一同（梁川星巌《やながわせいがん》、頼三樹三郎、池内大学、梅田雲濱など）と申し合わせて、一度、水戸の徳川斉昭《なりあき》に謀反を起こさせ、争乱の時代にしてしまい、そのあと徳川の政権を京都であずかり、そのあと自分たちで政治を運営する

つもりでいる、ということです」（『大日本維新史料』井伊家史料十四）

驚くべきことに、この手紙のなかには、「長州・吉田寅次郎からきている手紙にも……」という一文もあります。ですから、幕府方は、松陰の個人的な手紙まで入手して、情報を分析していたようです。

松陰という人は、もともと筆まめな人ですが、とくに後半生は行動の自由が奪われていましたから、ある意味ではしかたなく、しきりに手紙で連絡をとっています。松陰を敵視する人々からすれば、残念ながら松陰は、「証拠」が残りやすい人物……ということになるでしょう。

その上、「諜報活動」にたずさわる人々は、ともすれば、「私の取ってきた情報は、どれほどスゴイものなのか……」ということを、上司に誇示しようとして、一つの話に、怪しげな〝聞いた話〟を加え、さらにそれがゆがめられ……というぐあいで、結果的には、何倍も大げさな話になってしまうことがあります。この主膳あての手紙を見ても、そのことを知ることができるでしょう。

主膳あての手紙に記されているような、松陰が、〝幕府を倒して、朝廷の政府をつくり、その要職につこうとしていた〟ということを示す史料など、じつはどこにもありません。けれども、人は、人の悪口を言う場合、いつの時代も、その人物がやることは〝私欲をもとにしている〟と言い立てて、その人を貶めようとします。

日本史上、松陰ほど〝私欲のない〟人はいないと思いますが、それでも一部の人々は、そういう松陰に対してでさえ、それとは逆のことを言い立てていたのです。人というのは、悲しいことに〝自分のレベル〟に応じてしか、人のことが理解できません。

自分が〝私欲〟にまみれている人は、すべての人が〝私欲〟にまみれているように見えます。けれども、〝自分のレベル〟を超えた高い精神性をもつ人は、いつの世も、まれにはいるのですから、もしもそういう人がいたら、やはり私たちは、謙虚にその精神性の高さを認めるべきでしょうし、さらには、そのような人を、素直に尊敬する心をもつべきでしょう。

考えてみれば、松陰という人は、そもそも〝村の先生〟にすぎませんし、〝過激な行動計画〟は、いろいろと立てたものの、結局のところ、何一つ「成功」したものはありません。それでも、先の主膳あての手紙のような情報が、つぎつぎと伝達されていけば、どうなるでしょう?

最終的に直弼のもとに届く段階では、かなり大げさなものになっていたはずです。ですから、直弼の目には、松陰という人物は、たぶん〝許すべからざる巨悪〟と映っていたにちがいありません。

松陰の取り調べをした奉行たちには、そのような〝誇大な情報〟は、たぶん伝わっていなかったでしょう。奉行たちが、松陰と直接に話をして「島流し」と決め、その一方、松陰と話したこともない直弼が独断で「死罪」にしたらしい……という事情の背後には、おそらく以上のような悪い意味での〝情報のギャップ〟があったのではないか、と思います。

ちなみに、松陰は、直弼のことを、どう考えていたのでしょう? 間部詮勝を「要撃」しようとさえしていた松陰のことですから、さぞや直弼には敵意を燃やしていたのではないか、と思われる向きもあるでしょう。

しかし、松陰の書き残したものを見ると、意外なことに直弼に対しては、厳しい批判が見られないのです。それどころか、直弼を弁護するような言葉さえ見られます。

安政五年、幕府が天皇の許可なくアメリカとの修好通商条約を結んだ……と知ったあとも、松陰は、「彦根の井伊直弼は、愛情ぶかい立派な人であって、たぶん悪い人物にだまされているのでしょう。高貴な生まれの人には、よくあることです」(「幽室臆度」・安政五年八月上旬執筆の部分)などと書いています。ですから、そのころの松陰は、「幕府・将軍の罪を真向から問い、討幕を主張しつつ、大老たる井伊を、当面かつ最高の責任者として追及する立場をとっていなかった」(山口宗之『井伊直弼』)のです。

そのあと松陰は、尾張・水戸・越前・薩摩などの諸藩に、井伊直弼を襲撃する計画がある、と知ります。それを聞いた松陰は、むろん喜んではいるのですが、だからといって、その計画に自分たちも参加しよう……とは考えませんでした。これまで申し上げてきたように、松陰は「ならば私たちは、長州藩の同志をつのって、間部詮勝を襲撃しよう」と考えたのです(「家大人・玉叔父・家大兄に上る書」・安政五年十一月六日)。直弼を〝正面の敵〟にすえる……という姿勢が、松陰には、まったく見られません。

どうやら松陰には、〝直弼は名君である〟という先入観があったようです(兄・梅太郎あての手紙・嘉永四年九月二十三日)。それもあって、松陰は直弼を、とうとう最後まで〝正面の敵〟にすえなかったのでしょう。

しかし、松陰は、死の七日前に書いた手紙に、ポツリと一言、こう書き残しています。

「近年のうちに井伊直弼、間部詮勝の政権は倒れるでしょう」（入江杉蔵あての手紙・安政六年十月二十日）

どうやら、そのころの直弼は、〝すべての志士たちの背後に水戸の徳川斉昭がいる〟という強迫観念にとりつかれていたようです。そういう強迫観念にとりつかれた人は、すべてをその〝思い込みの構図〟のなかでしか、ものごとを見られなくなります。

直弼は、つまり〝小心者の独裁者〟だった……ということでしょう。古今東西、〝小心者の独裁者〟ほど、権力を乱用しがちなものです。

第五章 死生を定む（『留魂録』上・安政六年十月二十六日）

第一節 入獄するまで――（『留魂録』第一条―第二条）

前書

松陰は、〝死の準備〟をはじめます。「永訣の書（父と叔父と兄あての手紙・安政六〈一八五九〉年十月二十日）」を書いたのと同じ日、江戸にいた門人の飯田正伯と尾寺新之丞にあてて、自分の遺体の処理を頼む手紙を書いています。ほんとうは、高杉晋作に頼みたかったのかもしれませんが、そのころ晋作は、江戸にはいません。

晋作は、十月十六日に行われた松陰の第四回目の取り調べの翌日（十七日）、長州藩からの命令で、やむなく江戸を発ち、萩に向かっていたのです。松陰が処刑されたのは十月二十七日で、そのころ晋作は、まだ旅の途中でしたから、十一月十六日に萩に到着して、そのあと、ようやく晋作は松陰の死を知ります。

遺体の処理とは何か……というと、たとえば、自分の「首」の始末です。その手紙で松陰は、飯田正伯と尾寺新之丞に、こう頼んでいます。

「私の首を葬る仕事は、沼崎吉五郎と堀江克之助に頼んでおきました。その実費が三両もかかるそうです。その代金を払ってやってください。……周布政之助に頼んで、十両ほど借り、首の始末の代金のほかに、沼崎には三両、堀達之助には一両、堀江にも一両くらいを、〝生前の恩は忘れません〟という私の気持ちを込めたものとして、贈ってやってください」

この時代……「罪人」は首を刎《は》ねられても、〝それで終わり〟ではなく、そのあと始末をする実費も、あくまで「自己負担」であったらしく、なんともやりきれない話です。しかし、そのような深刻な話を淡々としつつ、ここに見られるとおり、松陰は、自分の死後、獄中で世話になった人々にお礼の金を渡してほしい……という、こまかな気配りも見せています。

その手紙で、松陰が〝世話になった人〟としてあげている人々のなかに、「沼崎吉五郎」の名前も見えます。厳しい島流しの生活のなかでも、『留魂録』の原本を十七年もの間、一字も損なうことなく大切に保管しつづけてくれた、あの沼崎吉五郎です。

この手紙のなかで、松陰は、沼崎の人物について、「この人は、篤い志をもった人で、ちゃんと用事をつとめてくれる人です」と書いています。沼崎が、松陰が見抜いたとおりの人物だったことは、すでに本書の「はじめに」に書いたところです。


このようにして〝死の準備〟も整い、いよいよ松陰は、最後の著書の執筆にとりかかります。その著書こそ、『留魂録』です。

その最後の著書の「読者」として、松陰が想定していたのは、自分の門人たちでした。つまり、『留魂録』は、自分の門人たちにあてた「遺言書」というべき著書なのです。

十月二十五日から書きはじめて、書き終わったのが、翌二十六日の夕方です。そして、その翌日の二十七日、松陰は、数え年三十歳（満年齢では二十九歳）で処刑され、「武蔵の野辺」に散っています。

▼『留魂録』（第一条―第二条）・本文

【第一条・〝誠〟の一字】

身はたとひ　武蔵の野辺に　朽ぬとも　留め置まし　大和魂（歌意・「たとえ私の身は、武蔵の野辺で朽ちはてようと、私の魂だけは、〈どうか神さま〉永遠にこの世にとどめて、祖国・日本を護りつづけさせてください」）

私は昨年（安政五年）から、心のありようが、さまざまに変化してきました。その変化の回数は、今、思い出しても数え切れないほどです。そのなかにあっても、私が〝こうありたい〟と願いつづけた人物がいます。それは、たとえば、自分の主君である趙《ちょう》の王・張敖《ちょうごう》が、漢の高祖・劉邦《りゅうほう》によって辱《はずかし》められたことを憤《いきどお》ってその殺害をこころみ、捕らえられて、獄中で自決した貫高《かんこう》です。また、楚の国の憂国の詩人で、主君を諫めても聞いてもらえず、悲憤のあまり、石を抱いて汨羅《べきら》の淵で投身自殺した屈原《くつげん》も、私はずっと尊敬してきました。それらのことは、すでに皆さんも、ご存じかと思います。

そのためでしょうか……、入江杉蔵くんが、私が江戸に送られることになった時、送別の漢詩を送ってくれましたが、そのなかで、こういうことを書いてくれました。

「燕には、多くの家臣がいたが、結局のところ、ほんものは貫高だけであった。楚でも、ほんとうに国のことを憂えていたのは、屈原だけであった」

五月十四日、江戸に送られると聞いてから、私は自分の生き方について、「誠」という一字を中心にして、深く考えるようになりました。そういう時、入江杉蔵くんが、「死」の一字について考えるように……と言ってくれたのですが、その時、私はその必要はない、と思ったのです。

私は、一枚の白木綿の布を手に入れて、孟子の「誠をきわめれば、その力によって動かしえないようなものは、この世の中には一つもない」という言葉を書きつけ、それを手ぬぐいに縫いつけて、江戸にやってきました。そして、その手ぬぐいを評定所に置いてきましたが、それは、私の志とするところを、そういうかたちであらわしておこう、と思ったからです。

去年から今日まで、恐れ多いことながら、朝廷と幕府は、たがいに誠意が通じず、意見のくいちがうところが、いろいろとありました。そのことについて、もしも天が、私のような小さな者の誠の心でも、受け入れてくださるならば、幕府の役人たちも、私の言うことを、きっとわかってくれる……と信じていたのですが、今となれば、それは、たとえば、『荘子』に見える〝蚊が山を背負おうとする〟というたぐいのものだったと思います。

結局のところは、私の力が足りず、何も成しとげることができないまま、今日のような事態にいたりました。それもひとえに、私の人徳や才能がなかったせいです。今さら誰をとがめようという気もありません。また、今さら、誰を恨もうという気もありません。

【第二条・取り調べのようす】

七月九日、はじめて評定所から呼び出しがありました。評定所には、三人の奉行がいて、二つの件について、私に対する取り調べが行われました。

一つは、「梅田雲濱が長州に行った時、おまえと面会したと言っているが、その時、おまえと梅田は、どういう秘密の相談をしたのか……」ということです。二つ目は、「京都御所に落文《おとしぶみ》があったが、それが、おまえの筆跡に似ていると、梅田雲濱をはじめ、その他の者も言っているが、おまえにその覚えはないか……」ということです。取り調べといっても、わずかに、その二つの件だけでした。

私は、「まず梅田の件についてですが、梅田という人物は、いささかズル賢いところがあるので、私は、彼とは、ともに志とするところを語り合いたくない、と思っています。そういう相手と、秘密の相談など、私がするはずがありません。つぎに落文の件についてですが、そもそも私は、公明正大な生き方を好む者です。そのような私が、落文などという、こそこそとした卑怯なふるまいを、するはずがないではないですか」と言いました。

私は、そのあと、下田踏海の一件から六年間、獄中で、あるいは幽閉の生活で、日本のために努力してきたことを大いに語りました。そして、とうとう大原重徳卿に長州藩に来てもらうよう、はたらきかけたことや、間部詮勝侯に迫ろうとしたことなどを、自分からしゃべってしまったのです。とくに間部詮勝侯のことが問題にされました。こうして私は、伝馬町の獄舎に入れられることになりました。

「間部詮勝侯に迫ろうとしたこと」の原文は、「鯖江侯を要する」です。「鯖江」というのは、間部詮勝が、越前国の鯖江藩主だったことから、そう呼んでいるのですが、微妙なのは「要する」という一語です。「要する」には、「むかえる」「まつ」「さえぎる」など、さまざまな意味があります。「むかえて」「まって」「さえぎって」、さて、そのあと何をしようとしていたのか、ということになると、言うまでもなく松陰は、「撃つ」つもりでいたのです。

ところが、取り調べのなかで、松陰は、私は「諫める」つもりであった、と言い張っています。なぜそういうことにしたのか……というと（それは『留魂録』の、このあとの部分に、くわしく書いてあるのですが）、主な理由は、自分の周囲の人々に罪をおよぼさないため……であったようです。

あるいは、松陰の最後の努力は、〝罪に問われるのを、自分一人にとどめる〟ということに注がれたのではないか、とも思われます。それは、たとえば、先にあげた十月二十日付の飯田正伯と尾寺新之丞あての手紙の最後にも、つぎのように書いてあるからです。

「伊藤伝之助（伝之輔）、杉蔵、和作の三人のことですが、その三人の名前が、今回の口述書に出ないように、いろいろと骨を折りました。三人の奉行にも御慈悲《ごじひ》があるようで、大原卿と連絡をとった人物などについて、取り調べられるようなことはありませんでした」

伊藤伝之助というのは、大原重徳を長州に迎えようという計画をすすめた時、京都にのぼってきた野村和作に協力した人で、松下村塾には学んでいませんが、やはり松陰の門人といっていい人です。ともあれ、この三人に罪がおよばなかったことが、松陰にとっては何よりうれしいことであった、と思われます。

その点、松陰が、「三人の奉行」の「御慈悲」に感謝していることは、注目すべきでしょう。処刑を目の前にしながら、松陰という人は、自分を処刑すると決めた人々に対しても、なお感謝すべきであると思うところは、素直に感謝しているのです。

第二節　取り調べと、わが心の動き――（『留魂録』第三条―第七条）

前書

十月二十日、松陰は、父と叔父の玉木文之進と兄へ「永訣の書」を書き、諸友あての手紙を書き、飯田正伯と尾寺新之丞に手紙を書き……というぐあいで、大量の文章を書いていますが、この日は、他にも短い手紙と長い手紙を、一通ずつ書いています。二通とも、萩の「岩倉獄」にいる入江杉蔵にあてたもので、やはり入江杉蔵と野村和作の兄弟は、松陰にとって、特別な門人だったようです。

『留魂録』のなかで、松陰は、江戸に送られる時、「入江杉蔵が、『死』の一字について考えるように……と言ってくれたのですが、私はその時は、その必要はないと思ったのです」と書いていています。そのことについて松陰は、この日の短いほうの杉蔵への手紙で、少し反省して、こう書いていています。

「私が江戸に送られる時、あなたは私に『死を期してください』と言いましたが、今になって考えてみると、あれは、ほんとうに当たっている言葉だった、と思います。あの時、私は、あなたに対して『私は〝死〟ではなく〝誠〟という言葉を中心にして、深く考えたい』と言いました。

しかし、それは、まだ私が命を惜しいと思っていたから、そう言ったのかもしれません。そのことを今は、たいへん後悔しています。しかし、あの時、私が命を惜しんだのは、自分のためだけではないのです。半分は、大原卿や、あなたがたのために惜しんだのです。今回、私一人が死ぬことになり、大原卿やあなたたちに災いがおよばなかったのは、日本のことを考えれば、大いに幸いなことなのですから、あなたは、これから先、あなたの〝死に場所〟について、じゅうぶん考えておいてください」

自分以外の人々に罪がおよばなかった……のは、松陰にとって、たしかに〝幸い〟なことでした。しかし、それは、現代人が考えるような〝幸い〟とは、かなり内容がちがうようです。つまりそれは、〝これで自分が死んでも、生き残った門人たちが一人でも多く、国のために命をかけてはたらくことができる〟という意味で、それこそが松陰にとっては〝幸い〟なことだったのです。

この手紙で松陰が、杉蔵に「あなたは、これから先、あなたの〝死に場所〟について、じゅうぶん考えておいてください」と書いています。私たちは、松陰の言う〝幸い〟という言葉の背後に、そのような思いがあったことを、知っておくべきでしょう。

〝みごとに死ぬために生きる〟というのは、現代人には、とてもわかりにくい考え方かもしれません。しかし、それが、この時代の〝志士の心〟であり、また〝武士の心〟だったのでしょう。

しかし、もしも彼らが目の前の〝死に場所〟を失ったら、そのあと彼らは、いったい何を目指して生きればいいのでしょうか？　たぶん彼らは、新たな〝死に場所〟を求めて生きるのでしょう。

たった一度の人生を、いかに美しく生ききり、どれだけみごとな「死に花」を咲かせるか……。それは、志士が志士である以上、武士が武士である以上……、常に忘れられない、また忘れてはならない〝人生の課題〟であったと思います。

もしも、その〝花〟を咲かせることができれば、やがて〝実〟も成り、その〝実〟が地に落ちるでしょう。そして、それが、また次の〝花〟へとつながっていくのです。

ですから、松陰は、自分の死を〝すべての終わり〟にするつもりなど、さらさらなかったと思います。むしろ松陰は、自分の死を〝すべてのはじまり〟にするつもりだったのではないでしょうか。

▼『留魂録』（第三条―第七条）・本文

【第三条・すべての評価は棺《ひつぎ》の蓋《ふた》がしまってから……】

もともと私は、激烈な性格で、相手が怒ったり、罵《ののし》ったりしてくると、すぐに短気を起こしてしまいがちな人間でした。そのことは、自分でもよくわかっていましたから、私は、なるべく時勢にあわせつつ……、なるべく他の人の心にあわせつつ……、おだやかに人と話をしていこう、と心がけてきたのです。

ですから私は、評定所での取り調べでも、幕府が朝廷のご意向にそむいて、独断でアメリカとの修好通商条約を締結してしまったことを、いきなり批判したりするようなことはせず、まずは「それも、やむをえないことです」と言い、そのあと、「それはそれとして……、これからの日本は、どうするべきでしょうか？」というぐあいに、じつに柔らかなものの言い方で、自分の意見を述べました。その内容は、これまで私が、いろいろと考えて、文章にも書いてきたことで、くわしいことは、私の書いた「対策一道」（『戊午幽室文稿』）を読んでください。

さて、そのようにもの柔らかに言ったせいでしょうか……、さすがに幕府の役人も、私の言葉に対して、すぐに怒ったり、罵ったりはしませんでした。しかし、すぐに奉行は、こう言い返したのです。

「今、おまえが言ったことが、すべて当たっているとは、私には思えない。そもそも、おまえは、低い身分の者ではないか。それなのに、大胆にも日本の政治を論じている。そのことが、そもそも幕府の法を犯す不届きなことであることが、おまえにはわからないのか！」

私は、それに対して、強く抗議はしませんでした。ただ、「それだけのことが、すでに罪に価する、とおっしゃるのであれば、その罪を、私は甘んじて受けましょう」と、それだけ言って私は黙りました。

幕府の法では、ふつうの者が日本の政治を心配してはいけない……ということになっています。そのこと自体、正しいことなのか、まちがっていることなのか……、それはそれで大きな問題なのですが、私は、そのことの是非については、とうとう何も意見を言わないままで終わりました。

私と同じように、今回、取り調べを受けている者のなかに、薩摩の日下部伊三治《くさかべいそうじ》という志士がいます。日下部は、取り調べの時、今の幕府の政治のあやまちを、つぎつぎと指摘して、最後に、こう言い放ったそうです。

「こんなことでは、幕府の政治は、これから三年か五年つづくのが、関の山であろう」

それを聞いて、取り調べの役人たちは激怒したそうです。すると、それに対して彼は、こう返したといいます。

「こういうことを言ったから死罪にする……というのなら、するがいい。私は少しも後悔などしない」

そういうことは、私には、とてもできません。今になると、入江杉蔵が私に「死」の一字について考えるように言ったのは、そういうところが私に足りないということを、言いたかったのかもしれない……と思います。

唐の時代に、段秀実《だんしゅうじつ》という人物がいました。唐の名将である郭子儀《かくしぎ》の子・郭晞《かくき》が、父の威光をかさにきて乱暴をはたらいていた時、根気よく説得して改心させるほど誠実な人でした。しかし、皇帝の位を奪った朱泚《しゅせい》に対しては、激しく非難して、とうとう殺されてしまいます。ということは……、つまり英雄というのは、その時その時で、それにふさわしい対応をする人のことを言うのではないか、と思います。

大切なのは、みずからをかえりみて、天に対して、やましいところがないのであれば、それでいい……ということでしょう。その上で自分が今、会っている人物を、よく知り、その時々の機会というものをちゃんと見て、言ったり行ったりすること……、つまりは、そういうことが大切なのではないか、と思います。

今回の評定所での、私の対応には、〝いいところ〟も〝悪いところ〟もあるでしょう。それらの評価は、これはよく言われていることですが、〝棺の蓋がしまったあと〟に、のちの世の人々で議論してもらえればいいのではないか、と思っています。

【第四条・今回の取り調べはザツ】

下田踏海の時の取り調べとはちがい、今回の「口述書」は、じつにザツなものでした。七月九日に、ひととおり申し立てたあと、九月五日と十月五日にも取り調べがありましたが、二回とも、これといった尋問もありませんでした。

十月十六日になって「口述書」の読み聞かせがあって、そのあとすぐに「〝了承した〟という旨の署名をせよ」という、あわただしさです。私が力を入れて語ったことは、たとえば、アメリカの使節には、どう対応したらよいか……、これからの日本は、どうしたら海外に向けて発展できるか……などについてですが、それらのことは一つも書いてありません。

そして、ただ「日本の数か所の港を開く……」と書いたあと、「日本の国力を充実させ、そのあと日本に迫ってくる諸外国を打ち払うのがよい」などと、私が言ってもいない、愚にもつかない、世間によくある主張を、さも私が言ったかのように、てきとうに〝作文〟して、私の「口述書」にしているのです。〝抗議してもしかたのないことだろう〟と思いましたので、あえて抗議はしませんでした。

しかし今でも、この点は、はなはだ不満です。今回の「口述書」は、安政元年の下田踏海の時の誠実な「口述書」に比べると、雲泥の差がある……というほかありません。

【第五条・なぜ〝要撃〟と言わなかったか】

七月九日の取り調べで、私は、ひととおり大原卿のことや、間部侯の駕籠に迫ろうとしたことなどについて、言いました。私は、はじめはこう思っていたのです。「これらの私の計画については、すでに幕府も、その諜報活動で知っているにちがいない。ならば、むしろこちらから、はっきりと語っておいた方がよい」と。そう思って、一つひとつ順を追って話したのですが、幕府は、それらのことについては、何も知らないようすでした。

そこで、こう思いました。「幕府が知らないことを、私の方から、聞かれもしないのに言って、そのために私の罪が、数珠つなぎにつながっていって、多くの同志が罪に問われることになってしまったら、何の罪もない善良な人々を傷つけることになる。それは、まさに『韓非子《かんぴし》』にいうところの〝せっかく毛の下にかくれている傷を、ムリに毛を吹いて見せるようなもの〟ではないか」と。

そう思ったので、私は、間部侯の一件について、「待ち受けて撃つつもりだった」とは言わず、「待ち受けて諌めるつもりだった」と言い換えたのです。また、京都の出入りしていた同志たちの名前や、間部侯を要撃する計画の連判状を書いた人々の名前なども、なるべく隠して、具体的なことは、何も言わないようにしました。

これは、私が、私のあとにつづく人々のためになれば……と思い、さしでがましいことかもしれませんが、気をつかってそうしたのです。その気づかいの効果があったのでしょう……、幕府の判決は、私ひとりを罰するというもので、私から他の人々へと罪がおよぶことはありませんでした。

これは私の、まことに大きな喜びとするところです。この不幸中の幸いとも言うべき結果が、はたして今後の皆さん方に対して、〝これから何をせよ〟と語りかけているのか……、同志の皆さん、どうかそこのところを、よく考えてください。

【第六条・神さまは御覧になっている】

「待ち受けて諫める」ということについてですが、もしもそれが成功しなかったら、間部侯と「刺し違えて死ぬ」だとか、護衛の者が間部侯を守ろうとして立ちふさがれば、これを「斬り払う」だとか……、それらのことは、私は評定所では、ぜったいに言っていません。ところが、三人の奉行は、ムリにそのことを「口述書」に書き込み、言ってもいないことで、私を罪に落とそうとしました。

言ってもいないことで罪に陥れられることを、私は受け入れることはできません。ですから、私は、十月十六日の「口述書」の署名の時に、町奉行・石谷因幡守《いしがやいなばのかみ》と勘定奉行・池田播磨守《はりまのかみ》と、激しい口論になりました。私は、死刑になるのを恐れているのではありません。二人の奉行が、権力にまかせてウソを押しつけてくるので、「それはウソです」と言い張っただけです。

その前の九月五日と、十月五日の取り調べの時、私は、奉行たちに、こう申し立てました。「私は、死を覚悟して、間部侯を諫めるつもりでした。しかし、はじめから〝刺し違え〟とか、〝斬り払い〟などの計画があったわけではありません」。
取り調べをしている奉行たちも、その私の話を聞いて、一つひとつ納得してくれていたはずです。それなのに、言ってもいないことを「口述書」に書くというのは、〝権力にまかせて押しつけたウソ〟以外のなにものでもないでしょう。

しかし、もう死刑は決まりました。そうなってしまった以上、「口述書」に、〝刺し違え〟とか、〝斬り払い〟などの文字がないと、なにやら激しさを欠き、中途半端な感じになってしまうかもしれません。同志の皆さんのなかには、そのことを、かえって残念に思う人もいるでしょう。同志の皆さんのなかにそう思う人がいるとすれば、そのことを、私も残念に思わないでもありません。

ともあれ、今回の件について、くりかえして考えてみれば、このたびの私の死は、『論語』でいう「志士・仁人は……身を殺して仁を成すことあり」の死です。もはや小さな字句が、どうこう……という、そんな小さな問題ではなく、また、その字句があれば、損であるとか得であるとか……、そういう次元も、もはや超えたものになっています。
もうすぐ私は、権力を悪用する奉行たちに陥れられて死にますが、そのことは、きっと天や地の神さまたちが、しっかりとご覧になってくださることでしょう。ですから、もはや何も残念に思うことはありません。

【第七条・江戸に来て、ふたたび〝生きたい〟と思ったこと】

私は、今回のことでは、はじめから〝生きのびたい〟とは思っていませんでした。しかし、はじめから〝死にたい〟とも思っていませんでした。

ただ私の〝誠〟が、世の中に通じるのか、通じないのか……、その一点だけを、天のご意思にゆだねよう……と思ったのですが、七月九日になって、〝これは、たぶん死刑になるのではないか〟と覚悟を決めました。その時の心境は、前に私がつくった漢詩の、こういう一節のとおりです。

「明の楊継盛《ようけいせい》は、悪い家臣の厳嵩が、ほしいままにふるまうことを糾弾して、そのため死刑になり、その屍《しかばね》は人々の前にさらされたが、忠義をつらぬいて死ぬことができて、たぶん満足したにちがいない。漢の名医・淳于意《じゅんうい》は、処刑されようとした時、娘が父にかわって処刑されることを望んだので、皇帝によって特別に赦されたが、はじめから、生きて帰ろうと思っていたわけではない」

ところが、そのあとの九月五日、十月五日の二度の取り調べが、とてもおだやかなものだったので、私は、すっかりだまされてしまい、またもや、〝生きのびることができるかもしれない〟と思うようになりました。そして、そのことを、とてもうれしく思いました。

うれしいと思ったのは、私が、自分の命を惜しんだからではありません。それには、こういう理由があります。

昨年（安政五年）の十二月三十日、天皇さまは、幕府の処置を認められ、〝攘夷は、一時、猶予することにする。いずれ公武合体の上で、攘夷すべきである〟というご命令を出されました。そして、今年の三月五日、わが長州藩の殿さま・毛利敬親公の駕籠は、萩を出て、参勤交代の旅に出発されました。

私のさまざまな計画も、これらの出来事によって、すべて失敗に終わったのです。その段階で、私は〝とにかく早く死にたい〟と思うようになりました。

しかし今回、六月の末に江戸に来て、外国人の様子を見たり聞いたりしながら、七月九日に投獄され、そのあと落ち着いて日本の情勢を考えてみると、〝神国・日本のため、私には、まだ行わなければならないことがある〟と悟ったのです。その時、はじめて私の心のうちには、〝生きのびられれば幸いである〟という思いが、むくむくと生じてきました。もし私が生きのびることができれば、この思いは、そのあと、けっして沈むことも、隠れることもないでしょう。

しかし、十月十六日の「口述書」の読み聞かせを聞き、三人の奉行が権力にまかせ、私をだまして、どうしても私を殺そうとしていることを知ってからは、もう〝生きのびよう〟という思いは、すっかりなくなりました。あっさりと、そう思えるようになったのは、これまでの学問で蓄えてきた力が、たぶん私に、自然とそう思わせたのでしょう。

余話

ここまで本書を読んでこられた方々には、あらためて言う必要もないでしょうが、その時その時の状況下で、松陰が書いている膨大な量の文章の内容と、ここで松陰が自分の短かった人生をふりかえりつつ書いている文章の内容のあいだには、ほとんど矛盾が見られません。そのことを、何とも思わない人もいるでしょうが、私からすると、これは驚異的なことです。

人というのは、しばしば意図的に、あるいは無意識のうちに〝自分の記憶の書き直し〟をするものです。つまり、人というのは、どうしても、その時点の自分にとって、つごうがいいように〝過去をゆがめて語る〟ものなのです。

私も長年、ささやかながら歴史の研究をしてきました。江戸時代の学者が、晩年になって書いた「回想記事」を学問的に検討したこともありますが、歴史学の研究の上では、たとえ本人が書いたものでも、全面的に信用してはならない……というケースが、しばしばあります。

なぜなら、本人の「回想記事」には、〝単純な記憶ちがい〟も混じっていれば、〝意図的な事実歪曲〟も混じっているからです。ですから、本人の「回想記事」を史料として使う場合は、かなり慎重にあつかわなくてはなりません。

むろん松陰の書いたものにも、〝記憶ちがい〟は混じっていますし、急いで書いたものが多いので、誤字や、言葉足らずの文章も、たくさんあります。けれども私が見るところ、松陰の書いたものには、〝意識的、あるいは無意識的な事実歪曲〟は、ほとんど見られません。

　現に、ここにあげた『留魂録』の部分には、間部詮勝の「要撃」を「要諫」と言い換えたことも、正直に書かれていますし、「〝刺し違え〟とか、〝斬り払い〟などの計画があったわけではありません」と言い張ったことも、そして、それにもかかわらず、「口述書」にそれらの言葉が入れられてしまって不満に思っている……ということも、すべて正直に書かれています。

　そして、〝どうせ死罪になるのだから、それらの言葉が入っていたほうが、激しくていいかもしれない……〟などという〝心のゆれ〟まで、正直に書かれているのです。ほんとうに、その正直さには、驚くほかありません。

　しかし、正直であるからこそ、松陰は、きわめて膨大な文章を書き残していながら、それらの相互の内容に、矛盾がほとんど見られないのでしょう。そして、また正直であるからこそ、死を目前にしても、これだけ平静な文章を長く、そして速く書くことができたのではないでしょうか。

　心のなかに〝ウソ〟〝偽り〟が多い人の文章には、たとえその時々の文章だけは上手く書けていたとしても、時間がたつうちに、かならずそれらの文章の間に、深刻な矛盾があらわれてきます。また、そういう人の文章には、文章全体に、どことなく〝濁り〟〝臭み〟〝回りくどさ〟などが見られます。

松陰の文章には、まったくそういうところが見られません。それは、松陰の心が、いつも純粋な少年のように澄みきっていたということの証でしょう。

ですから、松陰のことを知るには、やはり松陰が直接書いた文章を「一次史料」として大切にするべきです。学問的にいっても、こと松陰に関しては、よほどのことがないかぎり、「二次史料」「三次史料」を集めて、大切な「一次史料」を否定するようなマネだけは、しないほうが賢明だと思います。

第三節　四季の循環を思い〝安心〟をえる――（『留魂録』第八条）

前書

第五条の「なぜ〝要撃〟と言わなかったか」の文章を読むと、そのなかで松陰は、同志に対して、こう語りかけています。「幕府の判決は、私ひとりを罰するというもので、私から他の人々へと罪がおよぶことはありませんでした。……この、不幸中の幸いともいうべき結果が、はたして今後の皆さん方に対して、〝これから何をせよ〟と語りかけているのか……、同志の皆さん、どうかそこのところを、よく考えてください」。

そして、これからあげる第八条にも、「もしも同志の人々のなかで、私のささやかな誠の心を〝あわれ〟と思う人がいて、その誠の心を〝私が受け継ごう〟と思ってくれたら、幸いです」と書かれています。

松陰の最後の願いは、自分の死を同志の活動の〝はじまりにしてほしい〟というものでした。その最後の願いが、かなえられても、かなえられなくても、いずれにしても松陰自身は、けっして生きてその結果を見届けることはできません。

それにもかかわらず、松陰は、その思いを、最後まで訴えつづけて死んでいきます。それは、あたかも、合戦において、最終的な〝勝利〟を信じつつも、しかし、真っ先に敵陣に突入して討死する武将のようです。

さて、この『留魂録』は、ここまでは、「わが法廷闘争の記録」という感がありましたが、一応それを書き終わると、松陰は、「第八条」で、死を前にした自分の心境を書いています。この第八条は、松陰が書き残した膨大な文章のなかでも、たぶん最高級の輝きをもつ美しい文章でしょう。

それどころではなく、私は、この一文は、建国以来の日本の思想史の上でも、最高級の名文ではないか、とさえ思っています。人間とは、〝自分の死〟を、これほど美しく、静かな心で迎えることのできるものなのか、と思わせられる一文なのです。しかも、そのような〝極限状態〟にありながら、この一文には、どことなく不思議な明るさと透明感が漂っています。いわゆる「安心立命《あんしんりつめい》の境地」というのは、こういう心の状態のことをいうのかもしれません。

ちなみに、「安心」というのは仏教にゆらいする言葉で、「信仰や実践により到達する心の安らぎ、あるいは不動の境地」(『岩波　仏教辞典』第二版)を意味します。「立命」というのは儒教にゆらいする言葉で、「天が己に賦与《ふよ》したものを、まっとうする」という意味です(前同)。

しかし、『留魂録』を読んでいると、日本人なら、何か特別な〝宗教〟にもとづかなくても、〝日本人らしくある〟ということを徹底していけば、やがて「安心立命の境地」に達することができるのではないか、という気もしてきます。仏教も儒教も、まだ日本にななかった古代から、ごく最近まで、日本人の心のなかには、自然な流れのなかで「安心立命の境地」にいたることのできる回路が、どこかに内蔵されていたのではないでしょうか。たとえば、先の大東亜戦争で、祖国のために一命をささげ、今は靖国神社にお祭りされている、あまたの英霊たちも、その多くは、この時の松陰のような心境で、死を迎えられたのではないか、と思います。大東亜戦争の末期に、数多くの若者たちが、「特攻隊」として散華していったことは、よく知られていますが、そのなかの一人に、昭和二十（一九四五）年四月十六日に出撃し、二十三歳という若さで散華された佐藤新平という人がいます。

その佐藤さんは、出撃の日を迎えるまでの、日々の思いをノートにつづっているのですが、そのノートのタイトルは、ずばり『留魂録』です（村永薫編『知覧特別攻撃隊』）。松陰の「七生説」にならって言えば、これらの英霊たちと松陰の〝理〟は通じていた……ともいえるのではないでしょうか。

【第八条・後来《こうらい》の種子】

今、私は死を前にしても、とてもおだやかで安らかな気持ちでいます。それは、春・

夏・秋・冬という四季の循環について考えて、こういうことを悟ったからです。

皆さんもよく知っている稲のことを、思い出してみてください。稲は、春に種をまき、夏に苗を植え、秋に刈り取り、冬には収穫を蓄えます。秋になり冬になると、人々は、その年の一年の仕事が実を結んだことを歓び、酒や甘酒をつくり、村も野も、歓びの声でみちあふれます。いまだかつて、収穫の時をむかえていながら、そのことを歓ばず、その年の仕事が終わることの方を悲しんでいる人がいた……などという話は、聞いたことがありません。

私は今、三十歳です。何一つ成功させることができないまま、三十歳で死んでいきます。人から見れば、それは、たとえば稲が、稲穂が出るまえに死んだり、稲穂が実るまえに死んだりすることに、よく似ているかもしれません。そうであれば、それは、たしかに〝惜しいこと〟でしょう。

しかし私自身、私の人生は、これはこれで一つの〝収穫の時〟をむかえたのではないか、と思っています。どうして、その〝収穫の時〟を、悲しむ必要があるでしょう。

そもそも、人の命には〝あらかじめ決まった年数〟などというものはありません。稲は、かならず四季を経て実りますが、そもそも人の命とは、そのようなものではないのです。

人というのは、十歳で死んでいく人には、その十歳のなかに、春・夏・秋・冬の四季があります。二十歳で死んでいく人には、その二十歳のなかに、春・夏・秋・冬の四季があります。

三十歳で死んでいく人には、その三十歳のなかに、春・夏・秋・冬の四季があります。五十歳で死んでいく人には、その五十歳のなかに春・夏・秋・冬の四季があり、百歳で死んでいく人には、その百歳のなかに、また……春・夏・秋・冬の四季があるのです。

十歳で死んでいく人を見て、「あまりにも短い」と考えるのは、もともと命の短い夏の蟬を、もともと長寿の椿の霊木と比べるような、愚かなことではないでしょうか。それと同じことで、百歳まで生きる人を見て、「あまりにも長い」と考えるのは、もともと長寿の椿の霊木を、もともと命の短い夏の蟬と比べるようなものです。どちらの考えも、〝天寿〟ということがわかっていない考え……といえるでしょう。

私は、すでに三十歳になります。稲にたとえれば、もう稲穂も出て、実も結んでいます。その実が、じつはカラばかりで中身のないものなのか……、あるいは、りっぱな中身がつまったものなのか……、それは、本人である私にはわかりません。

けれども、もしも同志の人々のなかで、私のささやかな誠の心を〝あわれ〟と思う人がいて、その誠の心を〝私が受け継ごう〟と思ってくれたら、幸いです。それは、たとえば一粒のモミが、次の春の種モミになるようなものでしょう。

もしも、そうなれば、私の人生は、カラばかりで中身のないものではなくて、春・夏・秋・冬を経て、りっぱに中身がつまった種モミのようなものであった、ということになります。同志のみなさん、どうか、そこのところを、よく考えてください。

余話

松陰は、ここで、自分の〝死〟を、一粒のモミにたとえています。〝私は死んでも、私の志を継ぐ者があらわれれば、それは私が、立派な「種モミ」（原文・「後来の種子」）であったということではないか〟と言っているのです。

時代も場所も、まったくちがいますが、この言葉と、きわめて近いことを言っている人がいます。イエスです。『新約聖書』の「福音書」には、こういう一文があります。

「一粒の麦は、地に落ちて死なねば、いつまでもただの一粒である。しかし死ねば、多くの実を結ぶ。だから私は命をすてる。この世の命をかわいがる者は永遠の命を失い、この世で命を憎む者は、命を守って永遠の命にはいるであろう」（塚本虎二訳『新約聖書　福音書』ヨハネ・12／24—25）

また、イエスには、穀物の「種」をたとえに用いた〝教え〟もあります。「種」は「良い地」に落ちれば、「伸びて育って実って、三十倍、六十倍、百倍の実」を結ぶ、とも言っているのです（前同・マルコ・4／8）。

イエスが言っていることと、松陰が書いていることは、ほぼ同じでしょう。洋の東西を問わず、時代を問わず、抜きん出て高く、深い境地に達した人物の言うことは、やはり共通する部分があります。

「福音書」を引用したついでに、もう少し、私にとって、イエスと松陰の姿が重なって見える言葉を引用しておきましょう。松陰が、つぎつぎと〝過激な行動〟の計画を立てていくなかで、門人たちから距離をおかれていた時期がある……ということは、すでに本書でも申し上げました。

それと同じように、イエスにも、あまりにも激しい言葉を発したため、弟子たちから、距離をおかれた時期があるのです。そのことについて、「福音書」には、こう書かれています。


「このはげしい言葉のために、多くの弟子がはなれていって、もはやイエスと一しょに歩かなくなった」（前同・ヨハネ・66）

「先生」を、かぎりなく尊敬してやまない教え子たちでさえ、〝とても先生には、ついていけない〟と思わせてしまう時が、どちらにもあった……というのは、きわめて興味ぶかいことです。おそらく、立派な「精神的な指導者」というのは、古今東西、〝孤独〟なものなのでしょう。

またイエスの、つぎにかかげる言葉は、ひとり松陰だけにとどまらず、わが国の歴史上の、志士や英霊と呼ばれる人々のことを、今の私たちが理解する上でも、忘れてはならない言葉です。

「私はあなた達のために命を捨てる。友人のために命を捨てる以上の愛はないのだ」（前同・ヨハネ・15／13）

とすれば……、松陰も、そのほかの志士や英霊たちも、じつは〝それ以上のものはない〟というほどの「愛」に満ちた人たちであった、ということになるでしょう。

さて、問題は、今を生きる私たち自身はどうか……ということです。私たちは、松陰をはじめとする祖国の先人たちの志を受け継いでいる「稲」と言えるのでしょうか？　また、私たちは「中身がつまった種モミ」のような人生を送っているのでしょうか？　そして、さらに私たちは、彼らのような「愛」に満ちているでしょうか？

それらのことを考えていくと、私たちは、お互いに反省すべきところが、少なくないと思います。そして今からでも、お互いに〝りっぱに中身がつまった種モミのような〟人生を送ろうと、心がけるべきではないでしょうか。

もしも自分の人生のすべてを、つぎの時代に向けて、よき「一粒の麦」にすることができれば、それは、とてもすばらしいことです。たとえそこから「三十倍、六十倍、百倍の実」が結ばれる時代を生きてみることはできなくても、人として生まれ、人として生を終える者として、それほど喜ばしいことはありません。

ただし、ある人の人生が、ほんとうに「一粒の麦」であったかどうか、という「評価」をすることは、残念ながら本人にも他人にも……、つまり「人」には、永遠にできないでしょう。もしも、そのような「評価」をすることができる存在があるとすれば、それは、松陰のいうところの「天や地の神さまたち」のような存在だけです。

人は、ともすれば自分の人生を、不当に高く評価したり、不当に低く評価したりしがちです。まして他人の人生に対しては、なおさらそうなってしまいます。

松陰はその「辞世」で、「私の人生のすべてを、今、神の御照覧にゆだねます」と述べています（本書第六章第三節を参照してください）。自分の人生を「一粒の種モミ」にするために、もっとも大切なのは、たぶんすべてを〝神にゆだねる〟という、そのような心のあり方ではないか、と私は思っています。

第六章　死生を分かつ（『留魂録』下・安政六年十月二十六日）

第一節　尊攘堂と獄中の同志――（『留魂録』第九条―第十二条）

前書

十月十六日に死を覚悟した松陰が、その四日後の十月二十日、入江杉蔵にあてた手紙を二通書いている……ということは、すでに申し上げました。短い方の手紙については少し触れましたが、それでは、杉蔵にあてた、もう一つの長い手紙には、どのようなことが書いてあったのでしょうか。

その手紙は、こう書きはじめられています。「かねてからご相談していた尊攘堂のことについて、私は、いよいよ断念せざるをえなくなりました」。

「尊攘堂」というのは、「尊王攘夷」を、いわば「建学の精神」にかかげる「大学」で、松陰は京都に、そういう大学を建設しなければならない、とかねてから主張していたのです。

たとえば、すでに前年（安政五〈一八五八〉年）の五月二十八日、松陰は、こういう構想を語っています。

「京都に文武両道の大学校を建設し、天皇のお子さまや、天皇のお孫さまから、庶民にいたるまで、身分のへだてなく集め、文武の講習を中心に行い、日本中の英雄・豪傑を、そこに集めたいと思っております」（『続愚論』）

松陰は、その実現を、最後まであきらめきれなかったようです。そこで、十月二十日の杉蔵にあてた手紙では、自分自身は「尊攘堂」の建設をあきらめるけれども、「あなたか、あなたの弟の野村和作が、私の志を、きっと実現してくださるものと、私は頼もしく思っています」と書いています。

すでに京都には、弘化四（一八四七）年から、公家の子供たちの教育機関として「学習院」というものが開かれていて、そこでは、時に庶民の聴講も許されていました。松陰は、その「学習院」をもとにして、さらに大規模な教育機関を設立しようと考えていたのです。

それでは、松陰はその「尊攘堂」で、どのような教育をしようと、考えていたのでしょうか？ そのことについて、その手紙には、当時のさまざまな学問・学派についての松陰なりの「寸評」が書かれています。それは松陰自身が、どの学問を、どのように取り入れてきたか……ということを、おのずから物語るものとして、とても興味深い「寸評」なので、ここで少し引用しておきましょう。

「朱子学だとか、陽明学だとか、一つの学派にかたよっていては、何の役にも立ちません。尊王攘夷の四字を眼目にして、誰の書物でも、誰の学問でも、その長所を取り入れるべきです。本居宣長《もとおりのりなが》の学問と、水戸学は、きわめて異なるところがありますが、尊王攘夷の精神に満ちているという点では同じです。平田篤胤《あつたね》は、本居宣長とはちがって、かなり癖がありますが、平田篤胤の『出定笑語《しゅつじょうしょうご》』『玉襷《たまたすき》』などは、よい本です。

関東の学者たちは、林羅山からあとは、新井白石、室鳩巣《むろきゅうそう》、荻生徂徠《おぎゅうそらい》、太宰春台《だざいしゅんだい》など、みんな幕府に媚《こび》を売っているところがありますが、それらのなかにも、一、二か所くらいは、とるべきところもあります。伊藤仁斎《いとうじんさい》の学問に尊王の精神はありませんが、人が生きるうえでは益のある学問で、いずれにせよ害のないものです。林子平《しへい》の学問には、尊王の精神はありませんが、攘夷の精神はあります。

かねてから私がお話ししている高山彦九郎《たかやまひこくろう》、蒲生君平《がもうくんぺい》、対馬の雨森芳洲《あめのもりほうしゅう》、それから後光明《ごこうみょう》天皇の崩御《ほうぎょ》のさい、火葬にするのをやめ、古来の土葬にするようはたらきかけ、それを実現させた魚屋の奥八兵衛などは、じつに大きな功績を残した人というべきで、それらの人々については、それぞれに神道式の位牌《いはい》を設置すべきです」

このあとも、松陰は、「尊攘堂」の構想について、楠木正成の神道式の位牌を設置すべきである……とか、「神道を尊び、神国を尊び」という精神にみちた「正論ばかり」でつくった本をつくり、日本中に頒布すべきである……とか、「史局」を設置して、わが国の正しい歴史を編纂すべきである……とか、さまざまな構想を語っており、それは、死を前にしても、はてしなく広がっていたことがわかります。これらは一見すると、ほんとうにただの構想にすぎないかのようです。

しかし、よく考えてみれば、明治五（一八七二）年には、兵庫の湊川に楠木正成を祭る「湊川神社」が創建されていますし、明治三（一八七〇）年一月には「宣布大教《せんぷたいきょう》の詔《みことのり》」という天皇陛下のご命令が出され、神道をもととする国民教化運動が起こっています。また、明治二十八（一八九五）年には、帝国大学（現在の東京大学）に「史料編纂掛《へんさんがかり》」が設置され、それが現在の東京大学の史料編纂所につながっています。ですから、じつは、この手紙に書かれている松陰の構想は（あくまでも〝かたち〟の上では……ですが）、ほとんど実現している、とも言えるのです。

それにしても、松陰が死を直前にして、なおあきらめきれなかったのが、「大学」を設立することであった……というのは、きわめて感慨深いことです。それは、松陰という人の本質が、やはり「教育者」であった……ということを物語っているのかもしれませんし、また松陰が、日本の未来にとって「教育」というものを、きわめて重要なものと考えていた……ということを物語っているのかもしれません。

いずれにせよ、松陰が「教育」に期待したものとは、要するに〝日本人としての心の教育〟であったといえるでしょう。残念ながら、総じていえば明治以後の近代教育では、その点が軽んじられる傾向にあったことは否定できません。

明治二十三（一八九〇）年十月三十日、明治天皇が、「教育勅語」を発布されたのも、その〝欠陥〟を補おうとされたからなのですが、その大切な「教育勅語」も、大東亜戦争の戦闘が終わって三年後の昭和二十三（一九四八）年、連合国総司令部（ＧＨＱ）の圧力で、日本の教育界から強引に「排除」されてしまいます。そのあと日本では、徹底的に〝日本人としての心の教育〟を軽視する時代がはじまり、それが、もう七十年近くもつづいています。

現在の日本には、さまざまな問題がありますが、その根本をさぐっていけば、結局のところ、わが国が戦後ずっと〝日本人としての心の教育〟をしてこなかった……という一点にたどりつくのではないでしょうか。そのツケが、国全体にまわってきている今、私たちは、あらためて松陰のこの「遺言」をふりかえり、今後の日本の教育について、よく考えてみるべきでしょう。

ちなみに、その〝日本人としての心の教育〟を再生させたい、という思いから、平成十八（二〇〇六）年、私は数名の仲間とともに「日本教育再生機構」という民間団体を立ち上げました。その団体に集った人々が執筆した中学校の教科書（歴史・公民）が、心ある方々の涙ぐましい努力によって、平成二十四（二〇一二）年四月以後の四年間で、全国の何十万人もの中学生の手に渡ることになりましたが、そのことは、あるいは〝日本人としての心の教育〟が、よみがえりつつあることを示す一つの兆しなのかもしれません。

さて、『留魂録』は、これからあと、同じ伝馬町の獄舎に入れられている志士たちの紹介に入ります。〝なぜ、今さら獄中の同志の紹介なのか？〟と思われる向きもあるでしょうが、それは松陰が、彼らを自分の門人たちに紹介しておくことによって、できれば自分の死後……、いつか力を合わせて「尊皇攘夷」を実現してほしい、と願っていたからにほかなりません。

▼『留魂録』（第九条―第十二条）・本文

【第九条・獄中の同志たち】

伝馬町の獄舎のなかの、東側の入り口にある獄舎の方に、水戸藩の在地の武士・堀江克

之助（芳之助）が入れられています。私は、まだ会ったことはありませんが、この人は真の友人というべき人で、ほんとうに学ぶべきところの多い人物です。

堀江は、私にこう書いてきました。

「昔、矢部定謙《やべさだのり》は、江戸町奉行をしていたころ、政敵におとしいれられて職を奪われ、桑名藩にお預けの身となりましたが、その日から絶食して、自分をおとしいれた政敵を呪いながら死に、死に、死後、その政敵への恨みをはらすことができたといいます。今、あなたも、死を覚悟しているのであれば、国内・国外にいる〝日本の敵〟を打ち払えるように、あなたの強い思いを込めて、祈るべきです。そうして、あなたはこの世に、あなたの心だけでも残さなければなりません」

まことに至れり尽くせりの忠告で、私は、ほんとうにその言葉に敬服しました。

また、鮎沢伊太夫《あゆざわいだゆう》は、水戸藩の武士ですが、堀江と同じ牢に入れられています。その鮎沢は私に、こう言ってくれました。

「あなたに、どのような判決がくだされるのか、まだわかりません。私の方は、たぶん島流しになるでしょうが、そうなったら、もはや私は、日本のためにはたらくことはできなくなります。天にまかせるほかなくなるのです。しかし私は、〝これは日本のためになる〟と信じていることは、その実現を同志にたくし、あとからつづく人々に、それを実現してもらおう、と思っています」

これは、私の考えていたことを、ほんとうによく言いあらわしてくれた言葉です。私が祈念していることは、私の同志の人々が、私の志を受け継いで、尊皇攘夷の理想を実現するため、機敏にはたらき、大きな功績を残してほしい……ということだけです。たとえ私が死んだとしても、堀江克之助や鮎沢伊太夫は島流しになって、まだ生きているのですから、私の同志なら、どうか堀江や鮎沢と、親交を結んでください。

それから、本所というところの亀沢町に、山口三輶《さんゆう》という医師がいます。正義感に満ちた人物らしく、堀江や鮎沢を、獄舎の外から、いろいろと支援しています。

山口には、私もおよばないと思われるところがあります。それは、山口が、堀江や鮎沢から頼まれて、自分はこれまで一度も会ったことがないのに、今、私たちと同じ獄舎にいる公家の鷹司家の家来・小林民部を、いろいろと支援していることです。たぶん山口は、人並みはずれて優れた人物なのでしょう。堀江・鮎沢・小林へは、その山口を通せば、連絡ができると思いますので、どうかそうしてください。

【第十条・「尊攘堂」の計画】

先にもあげた水戸藩の在地の武士・堀江克之助は、神道を尊び、天皇を尊び、正しい道を日本中に広め、もしも正しい道からはずれた考え方や邪悪な考え方があれば、それらを日本から排除したい、と考えている人です。堀江は、そのためには、正しい教えを書いた本を朝廷がつくって出版し、日本中に配布するのが一番よい、と言っています。

もちろん、それはそれでいいことですが、私は、その本をつくる前に、ぜひやっておかなくてはならないことがある、と思うのです。それは、まず京都に大学を設立し、日本の頂点にある朝廷のご学風とは、そもそもどういうものであるか……ということを日本国中に示すことです。

そのあと日本中から、すぐれた才能をもつ人材や、人並みはずれた能力をもつ人材を京都に呼び集めます。さらにそのあとで、日本中から……、そして古い本からも新しい本からも、正しい主張や確かな主張を集めて、それを一つの本にまとめ、その本を使って、まず朝廷で教えるのです。

そのあと、「これが、そこで使われている本ですよ」ということで、その本を、日本中に配布します。そうすれば、日本中の人々の心は、自然に一つのものになるにちがいありません。

ですから私は、これまで入江杉蔵と密かに考えてきた「尊攘堂」の設立計画とあわせて、それらのことを堀江と相談したのです。そしてその結果、それらの実現を、すべて入江杉蔵に託そうと決めました。


杉蔵よ……、これを読んでいますか。もしも、読んでいるなら、同志の人々とよく相談して、また藩の内部や外部の人々とも調整して、その実現のためにはたらいてください。

もしも、その計画のほんの糸口だけでも現実のものになれば、私の志は生きつづけることになります。私の志は、私の死後も滅びないのです。

去年、天皇さまから〝攘夷は一時、延期することとする。いずれ公武合体の上で、攘夷せよ〟とのご命令が出ました。それによって、なるほど尊皇攘夷の運動は、一度は挫折したことになります。しかし、その理想の実現を、けっしてあきらめてはなりません。すでにその発端は開かれているからです。

ですから、今後も何かよい方法を見つけ、何としてもその運動を、今後も継承してください。その実現のためにも、京都に大学を設立するというのは、とてもすばらしい計画である、と私は思っています。

【第十一条・小林民部のこと】

小林民部は、こう言っています。

「京都の学習院には、きめられた日があって、その日は百姓や町人も出席して、講義を聴くことが許されます。公家たちが講義に出席するのは、言うまでもないことです。そこで講義を担当するのは、朝廷に先祖代々、学問で仕えてきた菅原家や清原家の学者たちだけではありません。そのほかに、一般の儒学者も交じって講義が行われます。そういうことが、すでに行われているのですから、それを基本にして、さらに工夫を加えたら、ほかにいくらでも、いい教育ができるでしょう。また、大坂の懐徳堂《かいとくどう》という民間の学校には、霊元《れいげん》上皇が、お手ずからお書きになった額があるので、これをもとにして、さらに一つの学校を創設するというのも、またおもしろいと思います」

小林は、公家の鷹司家の家来です。このたび「島流し」という判決を受けました。朝廷の関係者として捕らえられた人々のなかでは、もっとも厳しい判決です。この人は、多芸多才ですが、ただ学問(儒学)の素養は、深くありません。

たぶん小林は、さまざまなことを的確に処理する才能がある人なのでしょう。西奥の獄舎では、私と同室でしたが、そのあと、東口の獄舎に移りました。京都の吉田神社の鈴鹿石州《せきしゅう》や鈴鹿筑州《ちくしゅう》とは、とても親しい仲だそうです。また、山口三輶も、小林のために、たいへん力を尽くしています。

ですから、私の同志の皆さんは、小林が島流しになったら、ぜひ鈴鹿か山口の手を借りて、そのころは海のかなたの島にいるはずの小林と、連絡をとったらよいでしょう。将来、京都に大学を設立しようとする時、かならず力になってくれるはずです。

【第十二条・玉と砕けること】

讃岐国《さぬきのくに》の高松藩士・長谷川宗右衛門《そうえもん》は、つねづねその主君をお諫めしつつ、高松藩と、藩の本家筋にあたる水戸の徳川家が仲よくやっていけるよう、心を砕いてきた人です。この人は今、東奥の獄舎にいて、その子の長谷川速水《はやみ》は、私と同じ西奥の獄舎にいます。

この親子の判決がどうなるか、まだ決まっていません。けれども、この人たちのことで、同志の皆さんに、ぜひ覚えておいてもらいたいことがあります。

私がはじめて、長谷川宗右衛門と出会った時のことです。その時、役人たちが、私たちの左右に、まるで林のように並んでいました。囚人どうしは、けっして話してはならない、という決まりがありますので、話すことはできません。すると、宗右衛門が、まるで〝独り言〟を言うかのように、こういう『北斉書《ほくせいしょ》』のなかの言葉を言ったのです。

「正義や名誉のためなら、死をいとわず、むしろ宝石が砕けるように散るべきである。けっして生きながらえて、価値のない瓦が残りつづけるように、命を全うすべきではない」（原文・「むしろ玉となりて砕くるとも、瓦となりて全かるなかれ」）

私は、宗右衛門の言ったその言葉に、とても感動しました。同志の皆さん……、その時、なぜ私が感動したのか、どうか察してください。

余話

ここにも見えるように、松陰が獄中で知り合った同志たちは、少なくありません。いったい、それぞれの人たちが、そのあとどうなったのか……ということについて、これから少し申し上げておきましょう。

まず、水戸藩の堀江克之助です。この人は、しばらくして釈放されます。しかし、文久元（一八六二）年、江戸・高輪の東禅寺《とうぜんじ》に置かれていたイギリス公使館への襲撃事件に加わり、捕らえられて、ふたたび投獄されました。明治維新のあと、ようやく釈放されていますが、明治四（一八七一）年、六十二歳で没しています。

堀江と同じ水戸藩の鮎沢伊太夫も、しばらくして釈放されました。しかし、幕末維新のころの水戸藩では、内戦がつづいていて、鮎沢はその内戦を戦いつづけ、明治元（一八六八）年、四十五歳で戦死しています。

小林民部（良典《よしすけ》）は、公家の鷹司家の家来です。松陰が書いた手紙は、現在のところ、なんと六百二十七通も残っているのですが、それらすべての手紙のなかで、最後に書かれているのが、この小林民部にあてたものです。書かれたのは十月二十三日……。ということは、松陰が処刑される四日前です。

その手紙のなかで松陰は、野村和作、小田村伊之助、久坂玄瑞などの名前をあげつつ、小林に、ぜひ彼らと連絡をとってほしい、と依頼しています。松陰は死の直前まで、獄中で知り合いになった志ある人々と、松下村塾の〝諸友〟たちとのネットワークづくりに全力を注いでいたのです。

ちなみに、その最後の手紙のなかで、松陰は、「私の呼び出しは、今月の二十五日、二十六日、二十七日、あるいは二十九日のうちのいずれかでしょう」と書いています。

松陰は、そのような予想をもとに、二十五日に『留魂録』を書きはじめ、その翌日に書き上げましたが、実際に処刑が行われたのは、書き上げた翌日の二十七日ですから、その手紙に書いた松陰の予想は当たったわけです。

また、その最後の手紙から、松陰は、自分が書いた「歌稿、諸友に告ぐる書」などを小林に預かってもらい、自分の死後、門人たちの手を通じて長州に送り届けよう、と考えていたこともわかります。『留魂録』もそうですが、獄中の松陰は、さまざまなルートを通じて、なんとか自分の〝最後の思い〟を門人たちに届けようとしていたのです。

しかし、残念ながら小林は、松陰の依頼に応えることができませんでした。小林にくだされた判決は、肥後の人吉《ひとよし》藩に身柄を預ける……というものでしたが、小林は護送される前、伝馬町の獄中で病死しているからです。

亡くなったのは、安政六（一八五九）年十一月十九日で、時に五十二歳でした。ですから、松陰が処刑されて一か月もしないうちに、小林もまた、この世から去ったわけです。

さて、最後は高松藩の長谷川宗右衛門と、その子の長谷川速水です。父の宗右衛門は、伝馬町の獄から高松の獄に移され、そのあと文久二（一八六二）年に釈放されます。

しかし、宗右衛門は、そのあとも幕末維新の政治的な激動のなか、しばしば藩主を諫めて、投獄されています。生きて明治という新しい時代をむかえることはできたものの、明治三（一八七〇）年九月、病気になりました。すると、「私は生きているうちに皇居を拝み、それから死にたい」と言い出し、病をおして船に乗り、とうとう播磨灘《はりまなだ》の船上で死去します。時に六十八歳でした。
その子の速水も、父と同じく、伝馬町の獄から高松の獄に移されたのですが、万延元（一八六〇）年八月、食後に胸の苦しみを訴えて、長く苦しみ抜いたあと死去していま す。〝不審な死〟というほかありませんが、時に速水は、まだ二十六歳の若さでした。
ちなみに、松陰が「尊攘堂」の創設という構想を託した入江杉蔵（九一）も、「禁門の変」に破れ、皮肉なことにその「尊攘堂」を建設する予定だった京都で、自刃していま す。そのことは、すでに書きましたが、松陰から志を託された人々も、また、おそらく誰かに志を託しつつ、つぎつぎと散っていったのでしょう。

昭和の歌人・三井甲之《こうし》（一八八三―一九五三）は、こういう和歌を詠んでいます。

「ますらをの　愛《かな》しき命　積み重ね　積み重ねまもる　大和島根《やまとしまね》を」

歌の意味は、こうです。「男らしい男たちの、愛しく大切な命を、いく重にも、いく重にも積み重ねながら、護りつづけてきたもの……そして、これからも護りつづけられるであろうもの……、それこそが、わが日本国なのです」。

東京の靖国神社といえば、一般には、近代の対外戦争で散華された英霊だけを、お祭りしている神社のように思われていますが、もともとは松陰をはじめとする幕末の志士たちの英霊を、お祭りしようとして、はじまったものです。幕末から昭和にかけて、延々とつづいたわが国の苦難の歴史と、そのなかで国に殉じた人々の姿を、この歌は、みごとに詠みあげたものといえるでしょう。

いずれにしても、『留魂録』にあらわれる人々は、投獄という憂《う》き目にあっても、志を失うことなく、節を変えることもありませんでした。むしろ、その苦難をものともせず、より激しく生き、そして散っていった人々が少なくありません。

松陰の名前は、今でもよく知られていますが、幕末という時代にかぎっても、松陰と同じように皇室と日本の未来を憂《うれ》うるあまり、みずからの命を散らしていった人々は、じつにたくさんいたのです。それらの人々の名前は、今でこそあまり知られていませんが、それらの人々の血と涙の上に、今の日本があることを……、そして言うまでもなく今の私たちの人生があることを、日本人ならば、肝に銘じておかなくてはなりません。

かつて小林秀雄は、「明治維新の歴史は、普通の人間なら涙なくして読む事は決して出来ないていのものだ」（『歴史と文学』）と言っています。けれども残念ながら、戦後の多くの人々は明治維新の歴史を、たぶん「涙なし」で読んできた、という人がほとんどでしょう。

それは、何も〝日本人の心が冷たくなったから……〟ではないと思います。その大きな原因になっているのは、大東亜戦争の戦闘終結から七十年近くの長きにわたって、日本人が、学校教育や大手マスコミの情報操作などによって、〝ほんとうの歴史〟を知らされず、いわば〝情報遮断〟の状態にあったからではないでしょうか（とくに近年は、テレビ放送全体の〝質の低下〟が顕著です）。

しかし、今、ようやく大東亜戦争をめぐる、ほんとうの歴史が明らかになりつつあります。アメリカの「ヴェノナ文書」、旧ソ連の「ミトローヒン文書」など、当時の機密文書が公表されはじめたからです（小堀桂一郎／中西輝政『歴史の書き換えが始まった！　コミンテルンと昭和史の真相』、ジョン・アール・ヘインズ／ハーヴェイ・クレア、中西輝政監訳『ヴェノナ　解読されたソ連の暗号とスパイ活動』、『別冊　正論』第十五号〔中国共産党　野望と謀略の90年〕などを参照してください）。

今後、それらの機密文書の研究がさらに進めば、〝昭和史の常識〟は根底からくつがえされるでしょう。大東亜戦争のころ、全世界にはりめぐらされた共産主義者のネットワークは、驚くほど広く、深いものであったことが、学問的に今、明らかになりつつあります（もちろん当時の日本の政界、学界、官界、軍部、言論界にも、そのネットワークは、想像を絶するほど深く食い込んでいます）。

〝日本を泥沼の戦争に引きずりこみ、戦争をあおりつづけて消耗させ、やがては敗戦に導き、それを共産革命の契機にする〟という旧ソ連の「敗戦革命論」は、全世界の共産主義者たちの手を介して、最終的には、日本を、彼らの目的達成の一歩手前まで追い込んだわけです。そのことについての、現段階での研究成果を読んでいるだけで、私には、〝大東亜戦争に勝利したのは、実質的にはアメリカではなく、旧ソ連と毛沢東の共産党と、そして世界にちらばっていた共産主義者ではなかったのか……〟とさえ思われてきます。

第二節　尊皇攘夷の志――（『留魂録』第十三条―第十六条）

松陰は、この『留魂録』の第十条で、「(尊皇攘夷という理想の実現を) けっしてあきらめてはなりません」と書いています。そのような信念にもとづいて、松陰は処刑の前日まで、生き残った同志たちの〝再起〟の時に備え、人的なネットワークをつくるための文章を書きつづけたのです。

それでは、松陰が、〝その理念に生き、その理念に死んだ〟とも言える「尊皇攘夷」という考え方は、そもそも、どういうものなのでしょう? この言葉は、これまで本書にも、何度か出てきましたが、その理念は、現在の歴史学の世界でも、言論や教育の世界でも、不当に低く評価されていますので、もしかしたら松陰が、しきりに「尊皇攘夷」と書いていても、現代の読者の皆さんには、あまりピンとこなかったかもしれません。

ピンとこないどころか、むしろ、その言葉に〝悪いイメージ〟をいだいている人の方が、今は多いのではないでしょうか。たとえば、司馬遼太郎氏なども、「偏狭苛烈な攘夷というナショナリズム」(『世に棲む日日』)などと書いていますから、今の日本人の多くが、「尊皇攘夷」という言葉に〝悪いイメージ〟をもっていたとしても、不思議ではありません。

けれども、この言葉のほんとうの意味がわかっていないと、幕末の歴史のいちばん核心の部分が、たぶん何も理解できないでしょう。くわしく説明していると、それだけで本一冊分ほどは必要になる問題ですので、ここでは、ごく簡単に説明しておきます。

一言で言えば、「尊皇攘夷」というのは、日本が欧米諸国の植民地にされてしまいそうだ、という危機的な時代にあって、そのころの人々に、内政上と外交上の、いわば〝唯一の活路〟を示した言葉でした。二つにわけていえば、内政上の活路が「尊皇」で、外交上の活路が「攘夷」です。

まずは、なぜ内政上の活路が「尊皇」なのか……ということについて申し上げます。よく「三百諸侯」と言われるように、江戸時代の日本は、たくさんの大名が、細かく分かれて、それぞれの地域を統治していました。それぞれの「国」に、君主（藩主）がいて、それぞれの「国」に軍隊、警察、裁判所などの機能があったわけですから、それらはすべて、いわば「独立国家」と言ってもよいものでした。つまり、江戸時代の日本には、三百ほどの「独立国家」があって、それらの連合体がそのころの日本であったと言えます。

けれども、そのような状態では、強大な軍事力や経済力をもって迫ってくる欧米諸国には、とても対抗できません。また、そのころの日本は、地域的に細かくわかれていただけではなく、地域のなかの社会的な「身分」も、また、じつに細かくわかれていました。ですから日本を守るためには、どうしても、地域のみならず、そこに住む人々も一挙にまとめあげて、一つの「近代国家」にする必要があったのです。しかし、それは言うまでもなく、容易なことではありません。

いったい、どうすれば、そんな〝はなれ技〟ができるのでしょうか？　そのためには、日本中の人々の心を〝誰もが納得できる一点〟に結集するしかありません。その〝誰もが納得できる一点〟こそが、天皇だったのです。天皇のほかに、日本には、そのような〝一点〟はありません。

つまり、天皇がなければ日本は、細かくわかれたままで内戦がつづき、今、私たちが知るようなかたちでの明治維新は、成功していなかったでしょう。そして、日本は他のアジア・アフリカ・オセアニアの諸国と同じように、あっさりと欧米の植民地にされていたかもしれません。

ですから、どうしても天皇という〝誰もが納得できる一点〟のもとで、日本が一つになる必要があったのです。幕末政治史の上で、「尊皇」という言葉が、きわめて重大な意味をもっていたのは、その背後に、そういう切実な理由があります。

つぎに「攘夷」ですが、これは「尊皇」と表裏一体のものです。つまり、日本が天皇のもとに一つにまとまり、そのまとまった力で、欧米諸国の侵略に立ち向かおう、という考え方です。これは、あくまでも〝欧米諸国の侵略〟に対して堂々と立ち向かおう……という考え方で、基本的には、やみくもに外国人を排除しようとする考え方ではありません。私たちの先祖が「攘夷」によって守ろうとしたのは、まずは日本という国の自由と独立ですが、「攘夷」というのは、ただ自分の国の「国益」を守ろうとするだけの〝偏狭な思想〟ではないのです。

言うまでもありませんが〝欧米諸国による侵略〟は〝正義〟に反しています。言い換えれば、この場合、それに立ち向かうことは、つまりは、〝正義〟を守ることになるのです。つまり、「攘夷」の根底には、「正義」を守る……という考え方があります。そのことは、幕末の志士たちの〝バイブル〟ともいわれる会沢正志斎《あいざわせいしさい》の『新論』を、ちゃんと読めば、すぐに理解できるはずです。

この点について、戦後を代表する神道思想家の葦津珍彦《うずひこ》氏は、こう書いています。

「日本民族が国際交通を始める前に、まず攘夷の精神によって独立と抵抗の決意を鍛錬したことは、決して無意味だったのではない。この精神的準備の前提なくしては、おそらく明治の日本は、国の独立を守りぬくことができなかったであろうし、植民地化せざるをえなかっただろう」(『大アジア主義と頭山満』)

とすれば……、「尊皇攘夷」というのは、文字だけを見ると、いかにも偏狭で激烈な感じを受けますが、つまりは、日本という国の内政的な〝統一〟と、対外的な〝自由と独立〟を目的とするもので、考えてみれば、ごくふつうの考え方なのです。その意味では、近代的な独立国家なら、過去も現在も未来も、それはもっていてよい考え方……というよりは、むしろもっていなければならない考え方である……とさえ言えるでしょう。

今の私たちは、ともすれば松陰の「尊皇攘夷」という考え方を、自分たちとは何の関係もない〝昔のヘンな考え方〟のように見てしまいがちです。しかし、このような歴史的な背景を、きちんと踏まえて見てみると、それは、けっして〝昔のヘンな考え方〟などではないということが、はっきり見えてくるはずです。

現在、わが国は、北と西では固有の領土の不法占拠を常態化されたり、また、南では尖閣諸島という固有の領土を、新たに侵略される危機に直面しています。ですから、「尊皇攘夷」という考え方は、むしろ今こそ日本人が、あらためて思い出さなければならない大切な理念なのです。

▼『留魂録』（第十三条―第十六条）・本文

【第十三条・同志の再起を期待する】

ここまで書いてきた数条を、私は、ただ何となく書きたいから書いてきたわけではありません。同志の皆さんが、日本を動かすような大事業をしようと思っているなら、日本中の志ある人々と、志を一つにしておく必要があります。そうしておかないと、そのような大事業を成しとげることなど、とてもできないでしょう。ここにあげている数名は、今回の投獄中、新たに知り合った人々で、ですから、それらの人々のことを、同志の皆さんに、ぜひ紹介しておきたいと思い、そういう思いで、ここに書いたのです。

それから……、勝野保三郎《かつのやすさぶろう》は、すでに出獄しています。ですから、あなた方から連絡をとって、いろいろと詳しい話を聞いたらいいでしょう。保三郎の父、勝野豊作《ほうさく》は、今もどこかに隠れているそうですが、志のある人物だと聞いています。しばらくして、この弾圧がおさまったら、捜し出して連絡をとったらよいと思います。

戦《いくさ》にたとえれば、今回の弾圧は、一度、敗北したようなものです。ですから、同志の皆さんは、敗戦のあと、傷ついて生き残った味方を捜すような気持ちで、生き残った同志たちと連絡を取り合い、再起を期さなければなりません。たった一度、敗北したくらいで、もう二度と立ち上がれない……というのでは、とても勇士とは言えません。ですから、あとのことは、ほんとうに……、ほんとうによろしくお願いします。


【第十四条・橋本左内のこと】


越前の橋本左内のことですが、左内はすでに処刑されました。二十六歳でした。去る十月七日のことです。左内は東奥の獄舎に入れられ、そのわずか五、六日後には処刑されたのです。

処刑されるまでの間、勝野保三郎が、左内と同室でした。そのあと、保三郎は西奥の獄舎に移されて、私と同室でした。

とうとう左内とは、一度も会って話をすることができないまま終わりましたが、保三郎から左内の話を聞いているうちに、私はそのことが、ますます残念に思われてきました。左内は、屋敷に幽閉されている間、宋の司馬光《しばこう》が著した『資治通鑑《しじつがん》』を読み、その注釈をつくり、さらに後漢の荀悦《じゅんえつ》が著した『漢紀《かんき》』を読み終えたそうです。また、獄中での学習や仕事などの問題についても論じていた、といいます。保三郎は、左内が獄中で語っていたそれらのことを、私に伝えてくれました。

獄中の学習や仕事などについての左内の考え方は、私と同じです。私は、ますます左内を生き返らせて、おたがいに考えていることを、ぶつけあいたいものだ……と思いました。しかし、左内は、もうこの世にはいません。ああ……と、ため息をつくばかりです。

【第十五条・鮎沢に約束したこと】

月性さんの『仏法護国論《ぶつぽうごこくろん》』と、月性さんの詩歌をあつめた稿本、また口羽徳祐《くちばとくすけ》さんの漢詩を集めた稿本……、これらのものを、かねてから私は、日本中の同志に読ませたいと思っていました。ですから私は、水戸の鮎沢伊太夫にそれらを贈る、と約束しました。同志の皆さんのうちの誰かが、私にかわって、その約束をはたしてもらえれば、幸いです。

【第十六条・書き終わって】

同士の皆さんのうち、小田村伊之助、中谷正亮、久保清太郎、久坂玄瑞と、入江杉蔵、野村和作兄弟のことは、鮎沢伊太夫、堀江克之助、長谷川速水、小林民部、勝野保三郎に話しておきました。また、松下村塾をはじめとして、須佐《すさ》の育英館や阿月《あづき》の克己堂にも、同志がいることも話しておきました。

さらに、飯田正伯、尾寺新之丞、高杉晋作、また伊藤利助（博文）のことも、それらの人々に話しておきました。私は、けっして軽い気持ちで、皆さんのことを話したのではありません。どうか、そのことを覚えておいてください。

今、これを書き終えるにあたり、最後に、こういう和歌をつくったので、ここに書き遺しておきます。

心なる　ことの種々　かき置きぬ　思ひ残せる　ことなかりけり（歌意・「心のなかにあった、さまざまなことを、ここに書き残しました。私には、もう何も思い残すことはありません」）

呼びだしの　声まつ外《ほか》に　今の世に　待つべき事の　なかりけるかな（歌意・「処刑を言い渡すための呼び出しの声が、もうすぐかかるでしょう。その声を待つことのほかに、今の私には、もはや何もすることはありません」）

討たれたる　吾をあはれと　見ん人は　君を崇《あが》めて　夷払《えびす》へよ（歌意・「世の中には、処刑された私のことを、〝気の毒に〟と思ってくれる人がいるかもしれません。けれども私は、そう思ってくれるよりも、その人が皇室を尊び、侵略してくる外国を退けるよう、努力をしてくれることを、よほどうれしく思います」）

愚《おろ》なる　吾《われ》をも友と　めづ人は　わがとも友と　めでよ人々（歌意・「愚かな私のことでも、〝あれは私の友であった〟と愛情をもって思い出してくれる人がいれば、私は、その人に頼みたいことがあります。それは私の多くの友たちに、私に向けてくれたのと同じような愛情を向けてほしい、ということです」）

七たびも　生きかへりつつ　夷をぞ　攘はんこころ　吾れ忘れめや（歌意・「私は、楠公のように七回も生き返っても、侵略してくる外国を打ち払うつもりです。その心を、私は生まれかわっても、けっして忘れません」）

十月二十六日　夕暮れ時に記す

二十一回猛士

余話

松陰は、こうして『留魂録』の筆を擱《お》きました。最後の最後まで、「尊王攘夷」の理念をかかげ、その志を、楠木正成にならって「七たび」生まれかわっても実現しようとしていたことは、最後に記された和歌を読めば、痛いほどよく伝わってきます。

そういう松陰の最後の姿は、第十四条に書かれている橋本左内の最後の姿とは、ずいぶんちがいます。昔から、安政の大獄で処刑された数多くの志士のなかでも、松陰と左内は、いわば〝両雄〟のようにいわれてきましたが、左内は、処刑される一年ほど前から、政治的な発言を、ほとんどしていないからです。

左内は、十三代将軍の後継者を誰にするか、という問題で、主君の越前藩主・松平春嶽（慶永）の片腕として、京都の政界で活躍した人です。一橋慶喜《よしのぶ》（徳川慶喜）を、次の将軍にしようとはたらきかけていたのですが、井伊直弼の登場でその計画は挫折し、安政五（一八五八）年七月、とうとう主君の慶永が、幕府から処分されてしまいます。この時、左内は自決しようとしたのですが、春嶽から止められ、思いとどまりました。そして、その年の十月二十二日、左内は、幕府の役人から家宅捜索を受け、逮捕され、そのまま福井藩士の滝勘蔵《たきかんぞう》という人の家で謹慎するよう、命じられます。

そのあと左内は、何度も評定所に呼び出されて訊問を受けました。そのような生活が、翌安政六年（一八五九）の十月一日までつづきます。翌二日に投獄され、そのわずか五日あとの十月七日に、左内は刑場の露と消えるのです。数え年で二十六歳、満では二十五歳という若さでした。

左内は、逮捕されてから処刑されるまでの一年ほどは、ほとんど人と会わず、文通も、あまりしていません。かつての同志・中根雪江とは、手紙のやりとりをしていますが、その手紙のなかでさえ、政治的な話題には、まったく触れていないのです。

この時期の左内は、主君の春嶽の罪が赦されることだけを願い、みずからは学者としての生活にもどろうとしていたのではないか、といわれています。たとえば、信頼できる歴史学者は、このころの左内について、こう書いています。「いわば左内は、二十五歳にしてはやくも老年を、退隠期を迎えてしまったのである」「かつての情熱に満ちた志士・左内の面影はどこにも見られない」（山口宗之『橋本左内』）。

左内は、〝自分の殿さま〟を何よりも大切に考えていた人です。それに対して松陰は、日本を守るためならば、自分の藩は滅びてもよい……というよりは、むしろ、まっ先に滅ぶべきである……とさえ考えていたふしがあります。なぜなら、松陰は、こういうことを平気で書いているからです。「私は、日本が滅びていくのを黙って見ていられないので、まず長州藩に騒乱を起こして、人々を窮地に陥れたいと思っています」（小田村伊之助・久保清太郎あての手紙・安政六年三月末ごろ）。

二人の〝死にぎわ〟も、かなりちがいます。左内は、逮捕されてから一年近くも、政治的な沈黙を守ったまま処刑されていますが、松陰は、処刑の瞬間まで自分の〝思いの発信〟をつづけて処刑されているからです。あくまでも主君の意を受けて行動していた左内と、「天朝も幕府・吾が藩もいらぬ」という思いで行動していた松陰……。そもそも二人は、その行動の〝原理〟が、かなりちがっていたと言えるでしょう。

ですから、もしも二人が生きて対面できていたとしても、こと政治的な見解にかぎっては、残念ながら、かなり意見がちがったのではないでしょうか。むろん、それ以外の――たとえば学問的な話や、あるいは二人がともに関心をもっていた獄中での学習や仕事などについての話なら、かなり話ははずんだかもしれませんが……。

ちなみに、最後の六首の和歌のうち、「呼びだしの　声まつ外に　今の世に　待つべき事の　なかりけるかな」をめぐって、小林秀雄は、昭和十五年の講演で、こう語っています。

「もう一つお話しします。これは歌です。人間の真の自由というものを歌った吉田松陰の歌であります。……松陰が伝馬町の獄で刑を待っている時、『留魂録』という遺書を書いた事は皆さんも御承知でしょうが、そのなかに辞世の歌が六つあります（松浦注・最初の一首と最後の五首）が、その一つ、

呼だしの　声まつ外に　今の世に　待つべき事の　なかりけるかな

『呼だしの』とは無論首斬りの呼だしであります」（「文学と自分」・『歴史と文学』）

この和歌は、「人間の真の自由」を歌ったもの……という解釈は、さすがに小林らしい達見というしかありません。たしかに松陰は、誰からも強制されることなく、みずからが信じるもののため、勇んで死に向かっていった、とさえ見える人です。

小林は、これで、その講演をプッツリと終えています。それは、「人間の真の自由」と、その和歌とが、どのように関係しているのか、読者（講演時は聴講者）に、自分の頭で、じっくりと考えてもらいたかったからではないか、と思います。

いったい、なぜこの和歌が「人間の真の自由」を歌ったものと言えるのか？　そのことを考える上で、何かのヒントになるかもしれない……と思い、ここで一つのお話をしておきます。

平成七（一九九五）年、アフリカで「エボラ出血熱」が流行した時に、「貧しい人たちのためのベルガモの姉妹修道会」というところから、アフリカに派遣された修道女の看護師たち十名が、感染してその病で死去するという出来事が起こりました。その修道女たちについて、作家の曽野綾子さんは、こう書いています。

「怖いところへは行かない。生活に不便な土地はいやだ、という人には、修道会を去るという方法が残されている。修道会は、決して途中で修道生活を放棄することを止めはしない。修道生活は、自分の意思で選んだ選択の結果なのだ。エボラの患者の世話を見続けることも輝くような自由の選択の道なのである」（『人生の第四楽章としての死』）

「輝くような自由の選択の道」を歩んだはてに死を迎えたいという点では、松陰も、この修道女たちも同じでしょう。

第三節　処刑直前の思い——（辞世　安政六年十月二十七日）

前書

『留魂録』が完成したのは、「二十六日　夕暮れ時」のことですが、その翌朝、松陰が

〝待って〟いた「処刑を言い渡すための呼び出しの声」がかかります。それを聞いて、松陰は、また筆を執《と》りました。そして懐に入れていた紙に、こう書きつけます。

「　十月二十七日　呼び出しの声をききて　矩方《のりかた》
此程に　思ひ定めし　出立《いでたち》は　けふきくこそ　嬉しかりける」（歌意・「これまで長いあいだ、ずっと覚悟を定めていた死出の旅……。その旅に〝さあ、どうぞ……〟と呼びだしてくれる声を、今日ようやく聞くことができました。そのことが、私には嬉しくてなりません」）

「矩方」というのは、松陰の実名です。この一筆も、現物が残っているのですが、その写真版を見ると、急いで書かれてはいますが、じつに落ち着いた流麗な筆跡で、まずは、そのことに驚かされます。

それと、もう一つ驚かされることがあります。それは現物の「き」の文字のところに、小さな点がつけてある、ということです。つまり、五・七・五・七・七という和歌のかたちからすると、四句目の「けふきくこそ」では、一音足りません。書いたあと、松陰はそのことに気づいたのですが、もう手直しする時間がないので、とりあえず、「私は、そのことに気づいたのですが、直している時間がありません」という意味を込めて、そこに小さな点をつけたのでしょう。なんという冷静さか……と、あらためて驚きます。

ちなみに、時間が足りず、心残りであったにちがいない松陰にかわって、僭越《せんえつ》ながら、私がこの和歌を整えることを、こころみてみましょう。たとえば、こういうかたちにしては、どうでしょうか。

「此程に　思ひ定めし　出でたちを　けふにきくこそ　嬉しかりける」。むろん、こういうことを書くと、あの世の「松陰先生」から「松浦くん、よけいなお世話です！」と、叱られそうですが……。

ともあれ、この和歌を書き終えたあと、最後につけた小さな点が、松陰の最後の筆跡となりました。そのあと松陰は、あわただしく評定所に引き立てられ、死罪の判決を受けることになります。

しかし、それでも、まだ松陰の〝思いの発信〟は、終わっていません。評定所で判決を受けたあと、大きな声で、『留魂録』のはじめにかかげられている「身はたとひ　武蔵の野辺に　朽ぬとも　留め置まし　大和魂」という和歌と、さらに新しく作った漢詩の二つを、朗々《ろうろう》と吟《ぎん》じたのです。その漢詩には、むろんタイトルはありませんが、今は「辞世《じせい》」

と呼ばれています。

松陰の〝思いの発信〟は、最後の最後のぎりぎりの瞬間までつづけられたわけですが、それも……これで、ほんとうの最後になりました。この「辞世」の漢字二十字のなかに、松陰という人の人生のすべてが、美しく結晶化しています。

▼辞世・本文

私は、これから国のために死にます。

死んでも、主君や両親に対して恥ずべきことは、何もありません。

もはや私は、この世のあらゆることを、のびのびとした気持ちで受け入れています。

私は、私の人生のすべてを、今、神の御照覧にゆだねます。

（原文・「吾、今、国の為に死す。死して君親に背かず。悠悠たり天地の事。鑑照《かんしょう》は明神《めいしん》にあり」）

余話

松陰の最後のようすについては、さまざまな記録が残されています。まず評定所で、判決を受けた時のようすについては、そこに立ち会った長州藩士・小幡高政（彦七）の談話が残っていますので、それを見てみましょう。

「奉行などの幕府の役人たちは、正面の上座に並んで座っていました。私は、下の段の右脇の場所に、横向きに座っていました。しばらくして松陰が、潜戸《くぐりど》から護送の役人に導かれて入ってきます。そして、決められた席につき、軽く一礼すると、並んでいる人々を見回したのです。髪や髭が、ボウボウと伸びていました。しかし、眼光は炯炯《けいけい》として、前に見た時とは別人のようでした。その姿には、なんというか……一種の凄《すご》みがありました。すぐに死罪を申し渡す文書の読み聞かせがあり、そのあと役人が松陰に、『立ちませい！』と告げます。すると、松陰は立ち上がり、私の方を向いて、ほほ笑みながら一礼し、ふたたび潜戸から出て行ったのです。

すると……、その直後、朗々と漢詩を吟《ぎん》ずる声が聞こえました。それは、『吾、今、国の為に死す。死して君親に背かず。悠悠たり天地の事。鑑照は明神にあり』という漢詩です。

その時、まだ幕府の役人たちは、席に座っていましたが、厳粛な顔つきで襟を正して聞いていました。私は、まるで胸をえぐられるような思いでした。護送の役人たちも、松陰が吟ずるのを止めることも忘れて、それに聞き入っていました。しかし、漢詩の吟詠が終わると、役人たちは、われに返り、あわてて松陰を駕籠に入らせ、急いで伝馬町の獄に向かったのです」（明治三十九年以前・小幡の娘より田中眞治氏が聞いた談話の記録による）

正午ごろ（一説には午前十時ごろ）、伝馬町の獄にもどってから、処刑場に行くまでの松陰のようすについては、そのころ江戸にいた門人が、こう書き残しています。

「松陰先生は、伝馬町の獄に帰られると、すぐに西奥の獄舎の人々にお礼を言われ、紋付《もんつき》の上に裃《かみしも》をつけ、その上に荒縄《あらなわ》をかけられたままで、東奥の獄舎に行かれました。そして、堀江、長谷川、小林などの同志の人々に面会されました。しかし、獄中では他の部屋の人々との会話は禁止されているので、大声で、辞世の詩歌を三回繰り返して吟じられたそうです。それを、獄中の同志の人々が筆記して、私に送ってくれました」（飯田正伯・尾寺新之丞から高杉晋作・久保清太郎・久坂玄瑞にあてた手紙・安政六年十一月十五日）

そのあと、処刑にいたるまでのようすは、依田学海《よだがっかい》（百川《ひやくせん》）という漢学者の日記に、こう書かれています。

「先だって川本三省とともに、吉本平三郎という八丁堀の同心の家に行って、さまざまな話をしました。その時、平三郎が、こういうことを言っていました。

『先ごろ死罪になった吉田寅次郎（松陰）のふるまいには、みな感動して、泣いていました。奉行から死罪を言い渡されると、「かしこまりました」と、ていねいに答えて、ふだん評定所に行く時に介添えしてくれていた役人にも、「長らくお世話になりました」と、やさしく言ったそうです。

そして、いよいよ処刑という時になると、「鼻をかませてください」と言って、そのあとは心静かに構えて、首を打たれたそうです。

そもそも死刑になった者というのは、これまでたくさんいますが、これほどまでに落ち着いて死んでいった者は、見たことがありません。
多くの者は、死刑の判決を読み聞かせられると、興奮して顔が赤くなり、刑場に行くときは、もう腰が立たないので、左右から抱えて刑場に行くのですが、そういう時、足のカカトは宙に浮いたまま、連れて行かれるのが常なのです』」（安政六年十一月八日の条）

こうして松陰は、みごとに人生を閉じました。数え年では三十歳でしたが、満年齢でいえば、まだ二十九歳でした。

ちなみに、伊勢国の松坂出身の志士・世古格太郎の『唱《しょう》義《ぎ》聞《ぶん》見《けん》録《ろく》』という記録には、死刑を宣告された松陰が、かなり取り乱していたかのように書かれていますが、この記録は、そもそも松陰の取り調べの日付を、ことごとくまちがって記しているような不正確なものです。しかも、そこに見られる最後のようすは、誰ともわからない役人からの伝聞にすぎません。

ただし、『留魂録』には、「十月十六日の『口述書』の署名の時に、町奉行・石谷因幡守と勘奉行・池田播磨守と、激しい口論になりました」と書いてあります。もしかしたらその時のことが、あやまって伝えられたのかもしれません。

こうして松陰の体は、一瞬にして、首と胴にわかれました。

しかし幕府は、その遺体を、関係者になかなか渡してくれません。門人たちが奔走したあげく、処刑から二日たった十月二十九日になって、ようや小塚原の回向院《えこういん》というお寺で、門人たちに引き渡されました。遺体を引き取ったのは、飯田正伯、尾寺新之丞、桂小五郎（木戸孝允）、伊藤利助（博文）です。

そのあと、門人たちは、寺で一番大きな墓を建てるのですが、ほどなく幕府の命令で取り壊されてしまいます。それから三年後、高杉晋作たちが、現在の世田谷区の墓所に改葬するのですが、またもや幕府は、その墓を壊しました。

ようやく明治元（一八六八）年になって、桂小五郎が、松陰の墓を再建します。明治五（一八七二）年、門人たちは、そのかたわらに小さなお堂を建てるのですが、それが現在の東京の松陰神社につながっていくのです。

松陰が処刑されたとの報《しら》せを受けたあと、高杉晋作は、こう書いています。

「松陰先生の首が、とうとう幕府の役人の手にかかりました。そうさせてしまったということ自体、まことに長州藩の恥というほかありません。そのことを口にするだけで、私は顔から汗が出てきそうです。先生と私は、師弟としての交わりを結びました。ですから私は、先生の仇《かたき》を討たないままでは、心安らかに暮らしていくことなど、とてもできません」（周布政之助あての手紙・安政六年十一月二十六日）

そして、ほんとうに晋作は、のちに幕府という〝先生の仇〟を討つことになります。晋作だけではありません。松下村塾で学んだ数多くの「諸友」たちが、〝先生の仇〟を討つために立ち上がります。そして、その多くが、悲運のうちに倒れたことは、ここであらためて言うまでもありません。

しかし、それらの無数の屍の上に、しだいに明治という新しい時代の曙光《しょこう》が射《さ》しはじめます。そのような歴史を見ると、松陰の魂は、どうやら、「武蔵の野辺」に留まる……というだけではすまなかったようです。その魂は、無数の炎となって、門人たちの魂の上に降り注ぎました。そして、その炎は、門人たちの魂を、つぎつぎと燃え上がらせ、ついには、わが国の〝旧体制〟を焼き尽くしていったのです。

松陰は生前、門人たちに「たとえ松陰の肉体は死んで仕舞《しま》うとも、魂魄は此《こ》の世に留って、お前たちの身に添うて、必ず私の此の精神を貫く」と断言しています（児玉芳子〈松浦注・松陰の妹・千代です〉「家庭の人としての我兄吉田松陰」）。その言葉は、ほんとうに現実のものとなりました。

歴史を大局的に見れば、松陰は、明治維新という大変革の幕を開けるために、まずは自分の人生の幕を、あえて意図して閉じさせたのではないか……とも考えられます。そのような〝天命〟を、たぶん他の誰よりも、松陰自身が意識していたはずです。

あえて想像すれば、松陰は、死を前にして「これで、ようやくはじまるぞ……」と思っていたのではないでしょうか。そして、その思いは、たぶん〝真の自由〟をえた人だけが知っている、大きな〝歓《よろこ》び〟とともにあったことでしょう。

松陰の処刑当日の言葉で言えば、「嬉しかりける」ということです。そのような思いに満たされていなければ、そもそも人というものは、あの最後の「辞世」の漢詩に見られるような「安心立命の境地」に達することなど、とてもできないのではないか、と思われます。

今の日本人には、にわかには信じがたいことかもしれませんが、わが国の歴史上には、そういう〝高貴〟とも言える死に方をする〝武人〟が、めずらしくなかったのです。そもそも楠木正成が、そういう死に方をしています。

松陰をはじめとする幕末の志士たちも、その点は何も変わりません。そして、近くは、大東亜戦争の英霊たちのなかにも、そのような死に方をした人が少なくないのです（この点については、拙著『夜の神々』の「笑ってゆくということ」、拙著『日本の心に目覚める五つの話』の「七たび生きる――『楠公精神』の歴史」などを参照してください）。

そのような高貴な人々を生んだ民族の末裔が、ほかでもない今の私たちです。その事実を、どう受け止めるのか……、むろん人それぞれでしょうが、私はその事実を、愛と誇りをもって、厳粛に受け止めたいと思っています。

第七章　死生を超えて――わが兄・吉田松陰

前書

言うまでもないことですが、松陰は生前から〝危険人物〟あつかいされていました。たとえば、松陰が松下村塾で教えていたころ、門田吉勝という若者が、松陰のところまで訪ねて行き、入門を願い出て、いざ入門となった時、父親から、こういうことを言われたそうです。

「松陰先生は、まったく狂気沙汰である。あのような狂人学者に入門しては、いつその罪が親兄弟・親戚にまで及ぶかも知れない。強《し》いて入門するとなれば、今夜ただちに親族会議を開き絶縁する。しかる後、汝《なんじ》の意に任《まか》して行動するがよい」(福本椿水『松陰余話』)

そのため門田は、とうとう入門を諦めたそうですが、そのことについて後年は後悔していたそうです。そのころ、松下村塾に近づくということが、どれほど〝リスクの高い行い〟と思われていたか、ということを示す逸話でしょう。

もちろん、好んでリスクに近づくのは愚かなことです。しかし、世の中というのは、とても不思議なしくみになっています。〝安全〟と思っていたところに〝リスク〟がひそんでいたり、その逆に、〝リスク〟の向こうがわに〝安全〟が横たわっていたりするのです。それを見通すことは、〝神ならぬ人〟には、なかなかできません。

人にできることは、〝リスクを冒《おか》す必要のないこと〟と、〝リスクを冒す必要のあること〟を見わけることだけでしょう。それを見わけるのが、〝智恵〟というものです。しかし、たとえ〝リスクを冒す必要のあること〟がわかったとしても、それを行う〝勇気〟がなければ、いくら〝智恵〟があっても、あまり意味はありません。〝勇気〟を奮って、正面から〝リスクを冒す必要のあること〟に向かって行く時、たぶん人は、心の底から人生を、いわば〝おもしろい〟と感じるのでしょう。

今の世には、頭では〝リスクを冒す必要のあること〟がわかっていても、勇気がなく、〝逃げること〟や〝ごまかすこと〟が癖になってしまっている人が少なくありません。そういう人は、もしかしたら心の底から〝おもしろい〟と思う時を、ほとんどもたないまま、人生を過ごしてしまうのではないでしょうか。もちろん、それはそれで本人の自由です。しかしそういう人々にかぎって、自分の人生が〝おもしろくない〟ことを、〝他人のせい〟にしがちなところがあるように思います。

そういう人は、まずは自分の人生を〝おもしろくない〟ものにしているのは、〝他人〟ではなく〝自分〟である……ということに気づくべきでしょう。そもそも、〝他人〟に依存して、自分の人生を〝おもしろい〟ものにしてもらおう……というのは、ずいぶん甘えたものの考え方ではないかと、私には思われます。

もしも幕末の萩《はぎ》で、すべての若者が〝リスクの高い行い〟に恐れをなして、松下村塾に集うことなく、明治維新が起こっていなかったら、日本はどうなっていたでしょう。言うまでもなく、日本は、他のアジア・アフリカ・オセアニアの国々と同じく、植民地にされていたはずです。しかし、松下村塾には、〝リスクを冒す必要のあること〟を見わける〝智恵〟と、それに向かっていく〝勇気〟をあわせもつ若者たちが集まりました。そのこと自体、私には〝奇跡〟としか思われないのですが、その〝奇跡〟が、やがては日本を植民地化の危機から救い、やがては世界の有色人種を、欧米諸国の支配から解放するという、さらなる〝奇跡〟を呼び起こすのです。

〝リスクの高い行い〟を恐れる若者には、残念ながら、未来を切り拓く力はありません。門田吉勝という人物は、今は〝親から反対されて、松下村塾に入らなかった人〟という一点で、歴史に名前を残しています。

しかし、松陰の死後も、松陰という人物を遠ざけ、あるいは軽んずる……そのような世間のものの見方は、あまり変わらなかったようです。松陰が処刑された時、長州藩の江戸藩邸で勤務していた伊原孫右衛門は、その日の日記に、それを「若者の暴発程度」のことと書き記しています。さらに伊原は、〝今後は松陰のようなたぐいの者は、もっと徹底して取り締まらなければならない〟とも考えていたようです（海原徹『吉田松陰』）。

そのような、冷たい〝空気〟は、さすがに維新前後には劇的に好転します。そして、松陰の門人であったという経歴が、藩政府から〝登用〟されるための有利な条件になる……という時期さえやってくるのです。

しかし、明治九（一八七六）年、松陰の門人の前原一誠（佐世八十郎）が「萩の乱」を起こすと、ふたたびその〝空気〟は悪化します。それがようやく落ち着いて、あらためて松陰の偉業を讃えようではないか……という機運が高まるのは、明治十年代も中ごろになってからのことです。

明治十五（一八八二）年、東京に松陰神社が創建されます。明治二十（一八八七）年には、品川弥二郎が、京都に「尊攘堂」を建設しました（これは、言うまでもなく松陰の遺志を継いだものですが、残念ながら、松陰が構想していたような「大学」ではなく、いわば「志士顕彰館」とでも呼ぶべき性格のものでした）。

その「尊攘堂」から、つぎつぎと松陰の著作が刊行されます。また、明治二十三（一八九〇）年には、松陰の門人であった斎藤栄蔵（境二郎）が、松下村塾の保存会を発足させ、その西側のみかん畑に小さな祠《ほこら》を建てますが、これが、のちに萩の松陰神社へとつながっていくのです。

さて……それから、さらに長い歳月が流れた明治四十一（一九〇八）年、『日本及日本人』という雑誌が、「臨時増刊・吉田松陰号」（十月十八日発行）という特集を組んでいます。すでに松陰の死から四十九年の歳月が流れていました（つまり、この年は、神道でいう松陰の「五十年祭」の年です)。

その雑誌のなかに、「松陰先生の令妹を訪ふ」という記事が掲載されています。これは松宮春一郎(丹畝)という人が、松陰の妹の千代(児玉家に嫁いだので「児玉千代」、のちに名前は、「芳」・「芳子」とあらためています)を訪れ、ありし日の松陰について、インタビューし、それを記事にしたものです。

『日本及日本人』には、そのころの千代の写真も掲載されています。とても品の良い老婦人ですが、それだけではなく凛《りん》としていて、どこか厳《おごそ》かさを感じさせる顔立ちです(千代は「萩の乱」の時、女の身でありながら、玉木文之進の自決に立ち会っています)。

私などは、その写真を眺めていると、「私が子供のころまでの日本の老人たちは、男女を問わず、このような気品と威厳を、どこか感じさせる顔つきの人が、多少はいたものだが……」と、なにやら、なつかしい気分にもなります。千代は、松陰より二歳年下ですから、インタビューのころは、数え年で七十七歳です。

この本では、最後に、その千代のインタビュー記事を、掲載します。ただし、インタビュー記事とは言っても、もとは明治時代の文章ですから、そのままでは、現代の読者には、かなりむずかしいので、これも、これまでと同じように、私なりの〝超訳〟で掲載し、またインタビュアーの語りや、その問いかけに、千代が簡単に応じているところなどは、割愛《かつあい》しました。

なお、千代の「兄・松陰」についての談話は、その五年のちの大正二（一九一三）年にも、『婦人之友』という雑誌に、「家庭の人としての我兄・吉田松陰」というタイトルで掲載されています。内容は、だいたい同じです。

しかし、どちらにも、その記事にしかない独自の話が見られますし、また、両者のあいだで、同じことについて、いくらか事実認識が異なるところもあります。それらの点で、多少の〝謎〟は残るのですが、双方を読み比べつつ、幼いころの松陰の姿や、家族の松陰に対する思いなどを、読む人なりに想像してみるのも、おもしろいでしょう。

二つとも大切な記録ですが、インタビューした人の名前や素性がはっきりしていることと、記事の末尾に「明治四十一年九月三十日に、この記事を書いた」という意味の日付まで入っていて、記事の性格がより明らかなので、『日本及日本人』に掲載された方の記事を、本書ではとりあげます。

インタビューした松宮春一郎という人は、その人の妹婿が、千代の娘の夫と親しかったそうです。その縁もあって、千代は、インタビューに応じたと思われます。

なお、本書では割愛しましたが、この記事には、松陰がしばしば客に、ありあわせの食事を出した……という話をしている時、たまたま夕食時になってしまい、インタビューした松宮自身が、千代から夕食をご馳走になった話も書かれています。その時、千代は、こう言ったそうです。

「今日も、もはや夕食時になりました。はなはだ粗末で失礼ですが、ありあわせの夕食をさし上げたいと思いますので、食べてゆかれませんか。

じつは、私が台所に行かなければ、今は誰もいないので、お汁一つつくることはできません。けれども私は、今、あなたのお話のお相手をしています。ほんとうなら、しばらく座をはずして、ゆっくりと夕食の用意をするところですが、お客さまを、一人で残しておくのも、よくないことだと思いますし、また、そうしてしまうと、あなたが、お訪ねくださった目的にも反することだと思います。

ですから今は、ただ、ありあわせのものをお出しします。これも〝松陰風〟の応接方法だと思ってください」

こういった小さなことでも、自分が起こそうとしている行動の理由を、理路整然《りろせいぜん》と説明し、そのあとすぐに行動に移すところなど、まさに〝松陰の妹〟の面目躍如《めんもくやくじょ》です。なお、千代は長生きして、大正十三（一九二四）年、九十二歳で没しています。

▼わが兄・吉田松陰・本文

【兄・梅太郎と兄・松陰】

私の兄の松陰は、幼いころから「遊び」ということを、まるで知らないような子供でした。同じ年ごろの子供たちと一緒になって、凧をあげるとか、コマを回すとか……そんな遊びに夢中になったことなど、まったくありません。いつも、机に向かって漢籍を読んでいるか、筆を執っているかで、それ以外の姿は、あまり思い浮かびません。それでは、せめて運動とか、散歩とか、そんなことぐらいはしていたのか……と申しますと、それも、きわめてまれで……、少なくとも私の記憶に残っているものはありません。

学問の方ですが、とくに「寺子屋」とか「手習い場」とか、そういうところには通っていません。ただ、父（杉百合之助）とか、叔父（玉木文之進）について、学んでいただけです。ある時期には、昼も夜も、叔父のところに通って教えを受けていました。叔父の家は、わずか数百歩くらいしか離れていなかったので、三度の食事の時には、家に帰ってくるのが、ふつうでした。

そのころ、長男の梅太郎（民治）と、松陰は、見るものがうらやましくなるほどに、仲のよい兄弟で、家を出るのもいっしょ……帰るのもいっしょ……というぐあいで、寝るときは一つの布団に入りますし、食事の時は、一つのお膳で食べておりました。たまに別のお膳で食事を出すと、わざわざ、一つの膳に並べかえていたほど、仲がよかったのです。

影が形に添うように……と申しましょうか、松陰は、梅太郎に、よくしたがい、梅太郎の言いつけに逆らうようなことなど、一度もありませんでした。梅太郎は、松陰より二歳上で、私は、松陰より、二歳下です。そういうことで、年があまり離れていないせいでしょうか……、兄弟のなかでも、私たち三人は、とくに仲がよかったのです。松陰も亡くなる前は、三人がたがいに語り合い、励まし合った少年のころの思い出を、よく手紙に書いてくれたものでした。

【嗜好品はなく、女性も知らず】

兄は、好んで酒を飲むということはなく、タバコも吸わず、いたって真面目な人でした。松下村塾を主宰していたころのことです。ある日、門人のなかにタバコを吸う方がいたので、それを注意して、「キセルをもっている者は、全員、それを私の前に出しなさい」と言い、それをコヨリで結んでつなぎ、天井からつるしていたことがあります。

もとより酒は口にしません。それでは、甘いものはどうか、たとえば餅などを好むなどということはなかったのか……ということですが、私には、よくわかりません。特別に〝これが好物だった〟というものをあげてほしい、と言われても、何も思い浮かびません。兄は、いつも大食することを、自分で戒めていました。ですから、今の人たちのように、特別に「食後の運動」などを心がけなくても、胃を害したり、腸を痛めたりするようなことは、ありませんでした。

ご存じの通り、兄の人生は、わずか三十年です。短いと言えば、たしかに短い人生なのですが、三十歳と言えば、そのころの世間一般からすれば、妻をむかえ、家庭をもつべき年齢でした。けれども、兄は、青年になってから、ずっと全国各地を旅してまわっていましたし、国にいる時は、お咎めを受けた身の上で、家で謹慎するよう申しつけられておりましたから、妻をもつという話など、どこからも出てくるはずがありません。それでも、親戚のなかには、「罪人という身の上だから、表向きは、たしかに妻を娶《めと》るわけにはいかないが、せめて身の回りの世話をする女性ぐらいは、近づけてはどうか」などと言ってくる者もいたようです。

親切心から、そう言ってくださったものと思いますが、それは、兄の心のうちを知らない人の言葉ですから、家族の者で、そのことを兄に、面と向かって言った者など、だれもいません。兄は、生涯、女性と関係をもつことはありませんでした。

【玉木叔父の教育】

兄が子供のころ、父や叔父のもとで学問をしていたことは、すでに申し上げましたが、父も叔父も、とても厳格な人でしたので、小さな子供に何もそこまでしなくても……と思われるようなことが、しばしばありました。母などは、そのようすをそばで見ていて、そこは女のことですから、さすがに心が痛んで、見るにしのびないこともあったようで、「座っていないで、早く立ち上がって、どこかへ行ってしまえば、こんなに辛い思いをしなくてもすむものを……、なぜ寅次郎（松浦注・松陰の通称）は、ぐずぐずしているのか」と、はがゆく思ったこともあったそうです。

そのように兄は、とても従順で、ただただ言われたことを、言われたとおりにやるような人でした。それどころか、「自分は言われたことを、言われたとおりに、なしとげることができないのではないか」と、そのことだけを、いつも心配しているような……、そんな人だったのです。

けれども、外から見たら、そのように柔らかな兄も、内には、なかなか剛《つよ》いところがあったものと見えます。子供のころの兄を知っている人たちは、のちに「少年の時から、腕白《わんぱく》なところがあったから、あれほど大胆なことを企てたのであろう」などと、語り合っていました。

【人との交際のようす】

兄の顔には、アバタがありました。お世辞なども、わざと言わないような人でしたから、一見すると、とても無愛想な人のように思われるのですが、一度、二度と、話をする機会をもった人は、不思議なことに大人も子供も、みな兄を慕うようになり、なついてしまうのです。兄も、相手に応じて、お話をするようにしておりましたし、また、来客の相手をすることは、好きだったようです。

お客さまと話をしているうちに食事時になることがあります。そんな時は、かならずご飯を出すようにしておりました。来てくださったお客さまに、お腹がすいたのをガマンさせながら、話をつづけるようなことは、けっしていたしませんでした。「よい料理がないから……」「おいしいオカズがないから……」などという理由で、食事時になっているのに食事を勧めない、などということはありませんでした。

兄は、ありあわせのものだけでもお出しして、気持ちよく、お客さまといっしょに、箸をもつのが楽しかったのだと思います。ときどき、こちらの方から声をおかけして、お客さまを呼ぶこともありましたが、兄は、珍しい食べ物を少し用意するよりも、粗末な食べ物でも、たくさん出すことが好きでした。

【正直すぎる人】

正直といえば、だれでも「大切なことだ」と考えるものですが、兄は、その思いが、ふつうではありませんでした。「人のため、人のため……」と、いつも、そんなことばかりを考えていました。

兄が「人のため」を考え、きわめて人に親切であったのは、たぶん生まれついてのものだったのでしょう。林真人先生のお宅に泊まり込んで学問をしていた時のことですが、こんな話があります。

ある晩、先生のお宅が火事になりました。すると兄は、その家の荷物を運び出すために、命がけではたらいたのですが、自分のものは、身近なものさえ持ち出さなかったのです。

なかには大切な記念の品もあったようなのですが、すべてを灰にしてしまいました。とうとう最後は、ただ寝巻きを身に着けているだけ……というありさまだったそうです。

あとで、ある人が「なぜ、そんなことになったのか?」と聞いたそうですが、その時、兄は、こう答えたそうです。

「いやしくも一家を構えている人は、何かにつけて、いろいろと大切な品物が多いはずです。ですから、一つでも多く持ち出そうとしました。私の所持品のようなものは、なるほど私にとっては大切なものです。けれども、考えてみれば、いずれもたいしたものではありません」

私の兄が行ったことは、ほんとうにいろいろとありますが、要するに、すべては、そういう性格をもとにして行ったことなのです。

【夢の報せ】

兄が、「親思う　心にまさる　親心　今日のおとずれ　何ときくらん」という歌を詠んで死去した日……、その命日が、また今年もやってきます。思い返すと五十年も昔のことになりますが、あのころ、私の実家は、たとえようもないほど、悲惨な状態でした。兄は、遠い江戸に送られて、獄舎のなかにいました。それだけでも、憂鬱なことでしたのに、そのころ長男の梅太郎と、松陰の弟の敏三郎は、枕を並べて、病の床にあったのです。

母は、片時も敏三郎のそばを離れず、父も、家族の看病で疲れきっておりました。しばらくして二人の病が、少しばかり快方に向かった時のことです。

父も母も、疲れきっていたので、看病しながら、そのそばで仮眠をとっていたのですが、同時に目が覚めてしまいました。そして、母は父に、こう申したのです。

「私は今、とても妙な夢を見ました。寅次郎が、とてもよい血色で、そう……昔、九州の遊学から帰ってきた時よりも、もっと元気な姿で帰ってきたのです。『あら、うれしいこと、珍しいこと……』と声をかけようとしましたら、突然、寅次郎の姿は消えてしまい、目が覚めて、それで夢だったとわかったのです」

またその時、父は母に、こう申したそうです。

「じつは私も今、夢を見ていたんだよ。私は、なぜそんなことになったのかはわからないのだけれど……、首を斬り落とされてね。それなのに、どういうわけだか……、とても心地がいいのだよ。『首を斬り落とされるというのは、こんなに愉快なことだったのか』と思って、感心していたら、目が覚めたんだ」

その時、両親は、たがいに奇妙な夢を見たものだ……と語り合い、「もしかしたら寅次郎の身に何かあったのではないか」と心配したそうですが、「まさか、そんなことはなかろう」とも思っていたようです。しかし、それから二十日あまりもたって、江戸から使いがきます。兄が「刑場の露と消えた」という報せでした。

その報せを受けて、両親は先日の夢を思い出しました。そして、指を折って数えてみれば、日も時も、兄の最期の時刻と、寸分もたがわないことがわかったのです。

母は、それから、さらに昔のことを思い出して、こう申しました。

「寅次郎が、『野山獄』から江戸に送られる時のこと……、忘れもしない五月二十四日の晩のことだったけど、一日だけ家に帰る許しをえて、家に帰ってきたことがあるんだよ。その時は、家を訪ねてくる人が、ずいぶんいたのだけれども、私は、寅次郎が湯を使っている風呂場のそばに、そっと行って、そのようすを見ながら、二人だけで心のうちを語り合ってね。

その時、私が『もう一度、江戸から帰ってきて、機嫌のよい顔を見せておくれよ』と言うと、寅次郎は、『お母さん、そんなことは、何でもありませんよ。私は、きっと元気な姿で帰ってきて、お母さんの、そのやさしいお顔をまた見にきますから……』と言ったのだけれど……、たぶん寅次郎は、その時の約束を果たそうとして、私の夢のなかに入ってきて、血色のよい顔を見せてくれたのだろうね。親孝行な寅次郎のことだから、たぶん、ほんとうにそうなのだろうと、私は思っているよ」

父も、先の夢を自分なりに解釈して、こう申しました。

「夢のなかで私が、首を斬られながら『心地よい』と感じたのは、おそらく寅次郎が刑場の露と消える時、『自分には何も心残りはありません』ということを、私に伝えたかったのだろうな」

永久に生きて帰ることのない旅路の第一歩として、兄が今の東京に行く時、たぶん兄自身は、生きてふたたび萩の地を踏むことはできまい、と覚悟していたと思います。けれども、私たち家族は、兄には何も罪がないことを知っておりましたから、かならず許されて、帰ってくるものと信じていたのです。

【兄の手紙を見ながら】

この兄の手紙を前にすると、お恥ずかしいことばかりです。この手紙について、人さまにお話しするとなると、私は、ほんとうに顔を伏せたいような気持ちになります。

お読みいただければ、おわかりになりますとおり、文面は情愛に満ちているだけでなく、〝こういうところまで書いてくださったか……〟と思われるほどに、細やかなことまで注意してくれています。それにもかかわらず、私は、兄の厚い愛情に応えることのできないまま生きてきて、何と申してよいかわかりません。

このように兄の手紙を貼り付けて、本にしているのは、兄が最期をとげた翌年、梅太郎が、松陰からの手紙がバラバラになってしまうのではないかと心配し、注意してくれたので、こうしているのです。私はそのあとも、ことあるごとに、この手紙を開いて読み、自分を戒めてまいりました。

読んでいると、兄の深い情愛に心が動かされ、いつも涙を禁じることができません。ここにいる私の娘や、その姉は、子供のころ、この本がどんなものだかわからないので、たぶん不思議に思ったのでしょう……、「母上は、その本を御覧になると、いつもお泣きになりますのね」などと、私にその涙のわけを聞いてきたものです。

この他に、手紙というわけではないですが、私から送った手紙の端っこに、兄が「お前はそういうが、それはこういうことだよ」などと書き添えて返してくれたものが、たくさんあります。そのなかで、忘れられないものがあります。

まず私が、こう書いたのです。

「お兄さまに誠の心があるのは、はっきりしています。罪もないのに罪人にされることはございません。なにとぞ、そのお心のほどを、上の方々に打ち明けてくださり、早く赦されて、帰っていらっしゃる日を、私はお待ちしております」

するとお兄は、その手紙の余白に、自分の思うことを書いてくれたのです。兄が書き込みをしてくれた私の手紙は、兄が江戸に送られる前日、家に帰ってきた時に、すべてもってきて、私に渡してくれました。それらの手紙は、小さな引き出しに入れておいたのですが、長い歳月の間に、どこかへ行ってしまいました。今になると、よくよく気をつけて保存しておくべきであった……と、くやしく思うのですが、もう、しかたがありません。

兄は、いつも妹の私たちを戒めて、こう言っておりました。

「心さえ清ければ、もう……それでいいのだよ。貧しいのに豊かなように見せかけたり、破れたものをムリに破れていないように見せかけようとしたりするような……、そういう心はよくないね。女性たる者……、そういうところを、よくよく心得ておかなければならないよ」

私には、そう言ってくれた兄の声が、今も耳の底に響いているような……、そんな気がしてなりません。

余話
松陰の兄、杉梅太郎（民治《みんじ》）は、明治四十三（一九一〇）年、八十八歳で死去しています（梅太郎は明治二年から「民治」と名乗るようになりますので、以下「民治」と書きます）。晩年の民治の逸話で、私には、たいへん心ひかれる、ほほえましい話があるので、この本を終えるにあたって、ここに紹介しておきましょう。

松下村塾の西の畑に立っていた小さな祠をもとにして、萩の松陰神社が創建されたのは、明治四十（一九〇七）年のことです。そのころ民治は、まだ健在でした。

すでにそのころになると、今の「修学旅行」のようなかたちで、生徒たちが集団で松陰神社に参拝しはじめていたのですが、生徒たちが松陰神社に参詣すると、きまってその裏にある家から、一人の老人が杖をつきながら、よたよたと出てきた……といいます。兄の民治でした。

何しろ「神さまのお兄さん」があらわれるのですから、生徒たちも、さぞやビックリしたことでしょう。晩年の民治は、松陰神社を訪れる生徒たちに、自分の弟・松陰について、さまざまな話をして聞かせるのが、楽しくてならなかったようです。

そういう時、民治は、しばしば生徒たちに、このような話をしていたといいます。

「古来より、『光陰矢のごとし』と言われておるが、そのとおりじゃ。皆さんは第一に、時間を大切にするということを、心がけねばなりませぬぞ。時間をおろそかにして、うかうか過ごしていると、この私のように、何一つ成しとげることができないまま、歳をとってしまいますからな……。

そのことについて、弟の松陰の言葉で、わしが今でも覚えておることがあるのじゃ。ある年の元旦に、わしが、こう言うた。

『弟よ、今日は一年中で、いちばんめでたい元旦だから、一日だけ、学問を休もうではないか』

するとは、ニッコリと微笑《ほほえ》んで、こう言うたのじゃ。

『兄さん、そのお言葉は、まことにありがたく思いますが、今日という日は、今日かぎり消えていきます。この貴重な一日を、ムダに費やすことはできません』

そう言うて、弟は読書にふけっておった。

こんな見るかげもない、小さな私塾のなかからでも、あれだけの偉い人たちが出たのじゃ。皆さんは、立派な学校で、文明開化の教育を受けておるから、定めし、偉くなられるのじゃろう。

どうか勉強して、善《よ》い人におなりなさい」（平野岑一『長州之天下』）

ここでは原文を、わかりやすく書きあらためていますが、ここで大切なのは、「善い人におなりなさい」という一言でしょう。これは、原文のままの言葉ですが、あくまでも「善い人」であって、けっして「偉い人」（原文・「えらい人物」）ではありません（松下村塾出身の明治政府の高官たちのことを、梅太郎は「偉い人」と言っていることと対比してください）。

松陰の兄は、学問の最終目的は、「偉い人」ではなく、「善い人」になること……と、若い学生たちに言っているのです。もしかしたら、これは「文明開化の教育」（原文・「文明の教育」）に対して、いささか皮肉をこめた言葉ではないのか……と私は思っています。

というのも……、松陰は、「松下村塾記」（安政三年九月）という文章で、こう書いているからです。「学問というのは、人が人である根拠を学ぶことに、その目的がある」（原文・「学は人たる所以を学ぶなり」）。

それでは、その「人が人である根拠」とは何か、ということですが、松陰は、それは「五倫（父子の親《しん》・君臣《くんしん》の義《ぎ》・夫婦《ふうふ》の別《べつ》・長幼《ちょうよう》の序《じょ》・朋友《ほうゆう》の信《しん》）」であり、また特に大切なのは「忠孝《ちゅうこう》」であると言っています（「士規七則」・安政二年）。つまり、松陰にとって「学問」とは、今で言う「道徳」や「倫理」を学ぶことだったのです。

さらにわかりやすく言うと、こうなります。松陰にとって、「学問」とは、「人が〝善く〟生きるとは、どういうことなのか？」ということを学ぶことであり、また、その学んだことを、それぞれの人が自分の人生で〝実践する〟ことだったのです。

そのような弟の思いを受け継ごうとしたのでしょう。明治十三（一八八〇）年、民治は、山口県から許可を受けて、「松下村塾」を再開しています。しかし、残念ながら、そこで行われる漢学を中心とした幕末期さながらの教育は、欧米化がすすむ時代のなかで、「立身出世」を目指す明治の若者たちにとって、ほとんど役に立たないものであったようです。そして明治二十五年ごろ、とうとう「松下村塾」は、ほんとうに終わりをむかえてしまいます。

松陰や民治が考えていたような〝学問の本来の姿〟からすると、明治からあと、今日にいたるまでの「学問」や「教育」は、かなり性質のちがうものになってしまいました。「試験」の成績を競うというのは、まぁ……それはそれでいいと思います。

しかし、なぜ成績を競うのか……と問われた時、ただ「自分のため」……という答えしか返ってこないのでは、あまりにも寂しい話ではないでしょうか。なぜなら、人というのは、どれだけ「自分のため」だけを考えて生きたところで、それだけでは、けっして「幸せ」を感じられないという、心の仕組みになっている……と、私には思われるからです（本書第四章第二節の「余話」を参照してください）。

そのような、近代の〝学問に対する考え方〟や〝教育に対する考え方〟の歪みが、そろそろ限界に近づいていて……、それをもとにして、現代のさまざまなむずかしい問題が引き起こされているように思います。私たちは、もうそろそろ、松陰のいう「学は人たる所以を学ぶ」という、学問や教育のあり方を、思い出す時期にさしかかっているのではないでしょうか。

民治は、東京に移って「近代国家」の建設に邁進している自分の弟・松陰の門人たちの姿を思いつつ、心のどこかで〝少しちがうのではないか……〟と思っていたふしがあります。

そのような思いもあって、民治は「松陰神社」に参拝に来た自分の孫のような歳の生徒たちに向かって、ちょっと皮肉な思いをまじえながら、「善い人におなりなさい」と言っていたのかもしれません。

おわりに　魂をとどめて

晩年の「和作」の思い……

松陰にとって、〝金子重之助の再来〟であった野村和作は、松陰が処刑された時も、まだ「岩倉獄」に入れられたままでした。ようやく解放されたのが、万延元（一八六〇）年です。

そののちは、馬関攘夷戦《ばかんじょういせん》、禁門の変、四境戦争などに参戦し、幕末維新の激動期を、勇敢に戦いぬきます。しかし、その兄・入江杉蔵（九一）とはちがい、幸か不幸か、ついに和作は〝死に場所〟をえることはできないまま、維新をむかえます。

維新後は、岩倉使節団に加わって欧米諸国を見聞しました。それらの国を自分の目で見ようとした松陰の志を継いでのことでしょう。帰国後は、フランス公使など新政府の要職を歴任します。明治九（一八七六）年（このころは、すでに「靖」と名乗っているので、以下、「靖」と書きますが……）、神奈川県の副知事のような仕事をしていた時、沼崎吉五郎から『留魂録』を渡されたことは、本書の「はじめに」に書いたとおりです。

しかし、明治二十九（一八九六）年に「逓信《ていしん》大臣」を務めたあとは、一度も要職についていません。つまり晩年の靖は、いわゆる「長州閥」とは、〝距離〟をおいて暮らしていたのです。

そういう晩年の靖が、もっとも力を注いだのは、「松陰先生」が書いたものを印刷して広める、という事業でした。それは、靖なりに強く思うところがあったからです。

松陰の妹・千代のインタビュー記事がのっている『日本及日本人』という雑誌の「臨時増刊・吉田松陰号」（明治四十一年十月十八日発行）は、先にもふれたように松陰の「五十年祭」にあたって出版されたものですが、そのなかに靖の「吉田松陰先生の神髄」という談話がのっています。最晩年の靖の〝松陰像〟が語られている貴重な談話です。

そのなかで、靖は、こう語っています。

「先生の伝記を書いて、その精神・面目を人に知らせようなどということは、絶対不可能といってもよろしい」

そのあと靖は、こんなエピソードを紹介しています。

松陰が死去してほどないころ、土屋蕭海《つちやしょうかい》（矢之助）が、松陰の伝記を、かなり書きためていたそうです。しかし、それを読んだ高杉晋作が、「何だ！　こんなものを先生の伝記とすることができるか！」と言って破り捨てた、というのです。

そのような話をした上で、靖は、こう語っています。今、世間に出回っている「先生」についての出版物は、どれも「先生の精神・面目」を少しもあらわしたものではなく、「むしろ先生の徳を汚すがごとき」ものである……と。

靖からすれば、そのころ出版されていた松陰に関する本は、どれも不満を感じるものであったことがわかります。そして靖は、「先生の精神・面目」は「伝記」や「碑文」などでは、とても知ることはできない……としつつ、こう語っています。

「先生もまた、おそらくは、後人の手になる伝記その他によって己の精神を知られることは、好まれぬであろう。むしろ自分の手になりし、議論、文章、詩歌、随筆などのたぐいによって、己の精神・面目の髣髴《ほうふつ》されることを喜ばれるだろうと思われる」

そういう考えから、晩年の靖は、松陰の著述を出版する仕事に没頭したのです。しかもそれを、なるべく安い価格のものにして、若い人々にも松陰の精神を伝えようという、涙ぐましい努力もしています（松陰の兄・民治にあてて、『留魂録』の印刷物を、なるべく安い価格で若い人々に配布できないものか……と相談した手紙が残っています）。

やがて松陰の「五十年祭」を記念して、明治四十一年十月からその翌年にかけて、吉田庫三（千代の息子）の編による『松陰先生遺著』の第一編が、つづいてその第二編が刊行されます。この出版は、靖と乃木希典《のぎまれすけ》（乃木は、松陰の叔父・玉木文之進の教え子です）の支援によるものでした。

靖の「吉田松陰先生の神髄」という談話も、その仕事をしている間に語られたものと思われますが、その雑誌が発行されてから約三か月後の明治四十二（一九〇九）年一月二十四日、まだ第二編が出る前、そのころ鎌倉にいた靖は、脳溢血症で急逝しています。時に六十八歳でした。

靖の墓は、遺言によって、世田谷の松陰神社の境内につくられました。死んでも、なお靖は、松陰の門人「野村和作」として、今も「先生」のそばによりそっているわけです。

〝私〟を〝更新〟しつづけた人

松陰という偉人の息吹にふれるためには、誰かが書いた「伝記」などを読むより、松陰の書いたものを「原文」で読むべきである……という、晩年の靖の主張は、しごくもっともなものです。その人が書いた文章を、「原文」で読むのが、その人を知るための、もっともよい方法であることは、現代の歴史学の観点からしても、まちがいありません。

しかしながら、「戦後教育」が長くつづいているうちに、今のわが国の人々にとって、松陰が書き残した数々の文章の「原文」は、ある意味、外国語よりもむずかしいものになっているでしょう。わずか百数十年前の先人たちの言葉が、もうほとんど通じなくなっている……という今のわが国の現実は、考えてみれば恐ろしいことです。

この現実は、わが民族を民族としてつないできた〝心の糸〟が、今、切れかかっていることを暗示しているのではないでしょうか。歴史的に見ると、同様のことは「植民地」にされた民族に、しばしば見られる現象ですが、もしかしたら今の日本も、じつは民族の

〝心の糸〟という点では、もう、どこか外国の「植民地」になりつつあるのかもしれません。

本書は、その切れかかった民族の〝心の糸〟を結び直し、未来へつなぐための、私なりの、ささやかな抵抗のこころみの一つです。同じような思いで私が書いたものとしては、『［新訳］南洲翁遺訓　西郷隆盛が遺した「敬天愛人」の教え』があります。

その本と同じく、本書も勤務する大学の本務の合間をぬって、わずか半年ほどで執筆したものですから、書き終わってみると、いろいろな意味で、心残りがないでもありません。しかし、ともあれ半年ほどの間、私はじっくりと、松陰の「死と生」をめぐる「原文」に直面してきました。

それは、たぶん松陰のナマの〝話〟を聞きつづけることと、どこか似た体験であったかもしれません。松陰の話を、直接聞いた門人のなかに、「先生は、いつも頭がジンジンするような話ばかりした」と語っている人がいたそうですが、じつは今、私の頭も、なにやら「ジンジン」しています。

松陰の〝話〟は、どうやら今も、生前と同じ力をもちつづけているようです。とすれば……、やはりその〝魂〟は、今もわが国にとどまっているのかもしれません。

現に今、松陰が死去してから、ちょうど百年後の年に生まれた私が、こうして松陰の本を書いていますし、また、私は毎年、多くの若者たちとともに、大学の講義を通じて、松陰の書き残したものを原文で読んでいます。松陰の〝魂〟は、そのような現実の〝作用〟となって、今もはたらきつづけているのです。


いったい、そのような松陰の〝魂〟の力の源にあったものとは、何なのでしょう？　正直なところ、私のような小さな者には、よくわかりません。

ただし、私なりに考えていることなら、今のところ一つあります。それは、松陰という人は、つねに〝誠〟の心のもとに〝私〟を〝更新〟してやまなかった人で、そうであるからこそ、そのような〝魂〟の力も生まれたのではないか……、ということです。

たとえば、「七生説」（本書第一章第二節）を書いた三年後、松陰は「三人の亡き友を慰霊する文の序」で、こう書いています。「『理』も『気』も、じつは一つに通じている……ということなどは、前に書いた『七生説』では、まだ考えおよばなかったところです」（本書第二章第二節）。

また、処刑される前の入江杉蔵への手紙では、松陰が江戸に送られることになった時、杉蔵が松陰に「死を期してください」と言ったことを思い出しながら、こう書いています。「『(その時) 私は〝死〟ではなく〝誠〟という言葉を中心にして、深く考えたい』と言いました。

しかし、それは、まだ私が命を惜しいと思っていたから、そう言ったのかもしれません。そのことを今は、たいへん後悔しています」(本書第五章第二節)。

死の直前まで、冷静に自分をかえりみて、「あの時、私は、ああ言ったけれども、それは、まちがいであった」と、〝私〟を〝更新〟しつづけることは、かなり立派な人でも、なかなかできるものではありません。下手《へた》をしたら、それは人がもっとも恐れる自分の〝過去の否定〟にもつながりかねないからです。しかし、松陰は、けっしてそれを恐れることなく、つねに前を向きつつ、死によって、みずからの命が断ち切られるまで、〝誠〟の心のもとに〝私〟を〝更新〟してやみませんでした。いわば死ぬまで〝学び〟の姿勢を崩さなかった人である……ともいえますが、私は、もしかしたら、そういうところに松陰の〝魂〟の力の源があるのではないか、と思っています。

現代のほとんどの人は、いつも多忙ですから、そのような生活のなかにあって、松陰の「原文」に、じっくりと接する機会をもてる人は、それほど多くないでしょう。そう考えると、私は今回、本書の執筆をつうじて、じっくりと松陰の「原文」に接するという、めったにない機会を与えられ、さらには、まるで生きている松陰から教えを受けたかのように、頭が「ジンジン」する体験までさせてもらえたわけですから、今はもう……、その御《ご》神縁《しんえん》に感謝するほかありません。

「おもしろきこともなき世に……」

本書を書き終えた今、私の心のなかには、一首の和歌が、くりかえし浮かんできます。それは松陰の門人である高杉晋作と野村望東尼《もとに》の合作の、こういう和歌です。

「おもしろき　こともなき世に　おもしろく　棲《す》みなすものは　心なりけり」（歌意・「世の中で生きていくということは、そもそも〝おもしろい〟ものではありません。けれども、その〝おもしろい〟ものではない世の中でも、自分の〝心〟しだいでは、〝おもしろく〟暮らしていくことができるのです」)

よく知られているように、この和歌は、上の句は晋作が、下の句は望東尼がつくったものです。晋作の「死生観」が、よくあらわされた和歌だと思います(これを晋作の「辞世」とするのは、正確にいうと、事実ではありません。また、一般に二句目は「こともなき世を」として流布していますが、正しくは「こともなき世に」です)。

松陰は、その生涯の多くを獄舎で過ごし、最後は若くして斬首されました。ですから、その人生が、ふつうの意味で「幸福であったか、不幸であったか?」と問うことは、あまり意味がないでしょう。しかし、たとえそうであっても、松陰は、少なくとも自分の人生を、「おもしろい」ものであった、と思いつつ、その生涯を終えたのかどうか……。私にはこれまで、そのことが少し気になっていました。

しかし、松陰自身が、処刑される半年ほど前、妹・千代にあてた手紙のなかで、はっきりとこう書いています。「私は〝自分は幸福だ〟と思っています」(安政六年四月十三日付〔本書第三章第二節を参照してください〕)。

松陰と晋作は、ともに短い人生であったという点では同じです。しかし、一方の松陰は〝謹厳実直《きんげんじつちょく》〟というほかない生涯を送り、一方の晋作は〝放蕩三昧《ほうとうざんまい》〟といってよい生涯を送っています。一見すると、まったく色あいがちがう人生です。それでも、私は本書を書き終えて、〝つまるところ松陰も晋作も、「おもしろきこともなき世」を「おもしろく」生きたという点では、同じではなかったか〟と思っています。

『［新訳］南洲翁遺訓　西郷隆盛が遺した「敬天愛人」の教え』と同じく、本書の刊行を企画し、この機会を与えてくださったのは、ＰＨＰ研究所学芸出版部の白石泰稔氏で、編集に当たってくださったのは同出版部の櫻田真由美氏です。

お二人のおかげで、私は、吉田松陰という、たぶん日本が日本であるかぎり語りつづけられるであろう、偉大な人物の〝魂〟に、わずかでも触れる思いをさせてもらったのですから、その点、感謝にたえません。

吉田松陰　略年譜（本書中で触れている出来事を中心として作成しています）

年　次（西暦）	年齢（数え年）	出　来　事
天保元（一八三〇）	一	八月四日、長門国・萩の松本村に生まれる。
安政元（一八五四）	二五	三月、下田で金子重之助とともにアメリカ軍艦に乗り込み、海外に渡ろうとするが失敗。四月、江戸の伝馬町の獄舎に投獄される。 九月、判決が下る。 十月、萩の「野山獄」に投獄される。
安政二（一八五五）	二六	一月、金子重之助が、二十五歳で死去する。 五月、『冤魂慰草』の編纂をはじめる。
安政三（一八五六）	二七	四月、「七生説」をつくる。
安政四（一八五七）	二八	十一月、松下村塾の新しい塾舎が完成する。

安政五（一八五八）	二九	十一月、「老中間部詮勝要撃策」をたてる。 十二月、ふたたび「野山獄」に投獄される。
安政六（一八五九）	三十	一月、「藩主伏見要駕策」をたてる。 二月、入江杉蔵、「岩倉獄」に投獄される。 三月、野村和作、「岩倉獄」に投獄される。 五月、松陰を江戸に送れ、との命令が届く。 六月、江戸に着く。 七月、伝馬町の獄舎に投獄される。 十月十六日、「口述書」を読み聞かせられる。 十月二十六日、『留魂録』をつくる。 十月二十七日、評定所で罪状の申し渡しがあり、伝馬町の獄舎で処刑される。
明治十五（一八八二）		東京・世田谷に松陰神社が創建される。
明治四十（一九〇七）		山口県・萩に松陰神社が創建される。

主な参考文献

一　史料

【吉田松陰に関するもの】

・『吉田松陰全集』全十巻（岩波書店・昭和九―十一年）
・『吉田松陰全集』全十二巻（岩波書店・昭和十三―十五年）
・『吉田松陰集』日本の思想一九（筑摩書房・昭和四十四年）
・川上喜蔵編著『宇都宮黙霖　吉田松陰　往復書翰』（錦正社・昭和四十七年）
・『吉田松陰全集』全十一巻（大和書房・昭和四十七―四十九年）
・奈良本辰也・真田幸隆訳編『吉田松陰　この劇的なる生涯』（角川書店・昭和五十一年）
・『吉田松陰』日本思想大系五十四（岩波書店・昭和五十三年）
・山口県教育会編『吉田松陰遺墨帖』（大和書房・昭和五十三年）
・古川薫訳『吉田松陰　留魂録』（徳間書店・平成二年）

・財団法人松風会編『脚注・解説　吉田松陰撰集　人間松陰の生と死』（財団法人松風会・平成八年）

【その他】

・野村靖『追懐録』（私家版・明治二十六年）
・頼山陽『日本外史（上・中・下）』（岩波書店・昭和五十一―五十六年）
・東京大学史料編纂所『大日本維新史料』井伊家史料十四（東京大学・昭和六十年）
・『新編　日本古典文学全集54～57・太平記（一～四）』（小学館・平成六―十年）
・一坂太郎編『高杉晋作史料』全三巻（マツノ書店・平成十四年）

二　資料

【吉田松陰に関するもの】

・徳富蘇峰『吉田松陰』（民友社・明治二十六年）

・『日本及日本人』臨時増刊・吉田松陰号（政教社・明治四十一年）
・平野岑一『長州之天下』（日東堂書店・大正元年）
・玖村敏雄『吉田松陰』（岩波書店・昭和十一年）
・廣瀬豊『吉田松陰の研究』（武蔵野書院・昭和十八年）
・奈良本辰也『吉田松陰』（岩波書店・昭和二十六年）
・福本椿水『松陰余話』（山口県人会・昭和四十年）
・西山徳『吉田松陰　その人と教育』（皇學館大学出版部・昭和四十五年）
・司馬遼太郎・奈良本辰也他『吉田松陰を語る』（大和書房・昭和四十九年）
・海原徹『吉田松陰と松下村塾』（ミネルヴァ書房・平成二年）
・海原徹『松下村塾の人びと』（ミネルヴァ書房・平成五年）
・徳永真一郎『吉田松陰　物語と史蹟をたずねて』（成美堂出版・平成六年）
・古川薫『松下村塾』（新潮社・平成七年）
・海原徹『松下村塾の明治維新』（ミネルヴァ書房・平成十一年）
・山口宗之『吉田松陰』（私家版・平成十三年）
・海原徹『吉田松陰』（ミネルヴァ書房・平成十五年）

・海原徹／海原幸子『エピソードでつづる吉田松陰』（ミネルヴァ書房・平成十八年）
・財団法人松風会『吉田松陰日録』（財団法人松風会・平成十九年）
・近藤啓吾『吉田松陰と靖献遺言』（錦正社・平成二十年）
・一坂太郎『幕末・英傑たちのヒーロー』（朝日新聞社・平成二十年）
・川口雅昭『吉田松陰』（致知出版社・平成二十二年）
・松浦光修『日本の心に目覚める五つの話』第四話（明成社・平成二十二年）

【その他】

・『維新史』第二巻（東京大学史料編纂所・昭和十五年）
・小林秀雄『歴史と文学』（創元社・昭和十六年）
・頭山満『大西郷遺訓』（政教社・大正十四年）
・知切光歳『宇都宮黙霖』（日本電報通信社出版部・昭和十七年）
・山口宗之『橋本左内』（吉川弘文館・昭和三十七年）
・塚本虎二訳『新約聖書　福音書』（岩波書店・昭和三十八年）
・葦津珍彦『大アジア主義と頭山満』（日本教文社・昭和四十年）

・島田虔次『朱子学と陽明学』（岩波書店・昭和四十二年）
・三坂圭治監修『維新の先覚　月性の研究』（月性顕彰会・昭和五十四年）
・近藤啓吾『靖献遺言講義』（国書刊行会・昭和六十二年）
・村永薫編『知覧特別攻撃隊』（ジャプラン・平成元年）
・山口宗之『井伊直弼』（ぺりかん社・平成六年）
・井之元春義『楠木氏三代の研究　正成・正行・正儀』（創元社・平成九年）
・ジャヤ・チャリハ／エドワード・レ・ジョリー編、いなますみかこ訳『マザー・テレサ日々のことば』（女子パウロ会・平成十二年）
・一坂太郎『高杉晋作』（文藝春秋社・平成十四年）
・梅溪昇『高杉晋作』（吉川弘文館・平成十四年）
・『岩波　仏教辞典』第二版（岩波書店・平成十四年）
・松浦光修『夜の神々』（慧文社・平成十七年）
・海原徹『高杉晋作』（ミネルヴァ書房・平成十九年）
・小堀桂一郎／中西輝政『歴史の書き換えが始まった！　コミンテルンと昭和史の真相』（明成社・平成十九年）

・松浦光修『［新訳］南洲翁遺訓　西郷隆盛が遺した「敬天愛人」の教え』（PHP研究所・平成二十年）
・ジョン・アール・ヘインズ／ハーヴェイ・クレア、中西輝政監訳『ヴェノナ　解読されたソ連の暗号とスパイ活動』（PHP研究所・平成二十二年）
・『別冊　正論』第十五号〈中国共産党　野望と謀略の90年〉（産経新聞社・平成二十三年）
・曽野綾子『人生の第四楽章としての死』（徳間書店・平成二十三年）

『留魂録』原文

※底本は、松陰神社社務所で販売されている原本の影印本を使用した。なお、漢字は通行の字体にあらため、仮名は、原本のままとした。返り点、句読点、読み仮名、清濁の別は、適宜、編訳者が付したものである。「□」は闕字《けつじ》を意味し、《　》、（　）、【　】内の見出しは、編訳者が本書にしたがって付した。

《死生を定む》

（第一節　入獄するまで）

【第一条・〝誠〟の一字】

留魂録

身はたとひ　武蔵の野辺に　朽《くち》ぬとも留置《とどめおか》まし　大和魂

十月念五日　　二十一回猛士

一、余、去年已来《いらい》、心蹟《しんせき》百変、擧《あげ》て数へ難し。就レ中《なかんずく》、趙ノ貫高《かんこう》ヲ希《こいねが》ヒ、楚ノ屈平《くつぺい》ヲ仰ぐ、諸知友ノ知ル所ナリ。故ニ子遠ガ送別ノ句ニ、燕趙《えんちょう》多士《たし》一《いち》貫高、荊楚《けいそ》深憂《ふかくうれう》只《ただ》屈平《くつぺい》ト云《いう》モ此事也。然ルニ五月十一日、關東ノ行ヲ聞シヨリハ、又一ノ誠字ニ工夫ヲ付タリ。時ニ子遠、死字ヲ贈ル。余、是ヲ用ヒズ、一白綿布ヲ求テ、孟子、至誠而《しせいにして》不レ動者未ニ之有一《うごかざるものいまだこれあらざる》也《なり》ノ一句ヲ書シ、手巾《しゅきん》ヘ縫付、携《たずさえ》テ江戸ニ来リ、是ヲ評諚所ニ留メ置シモ、吾志ヲ表スルナリ。去年来ノ事、恐多クモ□天朝幕府ノ間、誠意相孚《あいふ》セザル所アリ、天、苟《いやしく》モ我區々ノ悃誠《こんせい》ヲ諒《ゆる》シ給ハバ、幕吏《ばくり》必吾説ヲ是《ぜ》トセント、志ヲ立タレドモ、蚊蝱《ぶんぼう》負レ山ノ喩《たとえ》、終《つい》ニ事ヲナスコト不レ能、今日ニ至ル。亦吾徳ノ菲薄《ひはく》ナルニヨレバ、今將《はた》誰ヲカ尤《とが》メ、且《かつ》怨ンヤ。

【第二条・取り調べのようす】

一、七月九日、初テ評諚所呼出アリ、三奉行出座、尋鞠《じんきく》ノ件両條アリ。一曰、梅田源次郎、長門下向ノ節、面会シタル由、何ノ密議ヲナセシヤ。二曰、御所内ニ落文アリ、其手跡《しゅせき》汝ニ似タリト、源次郎其外申立ル者アリ、覚《おぼえ》アリヤ。此二條ノミ。夫《それ》梅田ハ素《もと》ヨリ奸骨《かんこつ》アレバ、余、興《とも》ニ志ヲ語ルコトヲ欲セザル所ナリ、何ノ密議ヲナサンヤ。吾性、光明正大ナルコトヲ好ム。豈《あに》落文ナンドノ隠昧《いんまい》ノ事ヲナサンヤ、余、是ニ於テ、六年間幽囚中ノ苦心スル所ヲ陳《ちん》ジ、終《つい》ニ大原公ノ西下ヲ請ヒ、鯖江《さばえ》侯ヲ要スル等ノ事ヲ自首ス。鯖江侯ノ事ニ因テ、終ニ下獄トハナレリ。

（第二節　取り調べと、わが心の動き）

【第三条・すべての評価は棺《ひつぎ》の蓋《ふた》がしまってから……】

一、吾性激烈、怒罵《どば》ニ短シ、務テ時勢ニ従ヒ、人情ニ適スルヲ主トス。是《ここ》を以て吏ニ對シテ、幕府違勅ノ已《や》ムヲ得ザルヲ陳ジ、然ル後、当今的当ノ處置ニ及ブ。其説常ニ講究スル所ニシテ　具《つぶさ》ニ対策ニ載《の》スルガ如シ。是ヲ以テ幕吏ト雖《いえども》、甚《はなはだ》怒罵スルコト不レ能《あたわず》、直ニ曰ク、汝陳白スル所悉《ことごと》ク的当トモ思ハレズ、且卑賤ノ身ニシテ国家ノ大事ヲ議スルコト、不届ナリ。余、亦深ク抗セズ、是ヲ以テ罪ヲ獲ルハ、萬々《ばんばん》辞セザル所ナリト云テ已《や》ミヌ。幕府ノ三尺《さんせき》、布衣《ふい》、国ヲ憂ルコトヲ許サズ。其是非、吾曾テ弁争セザルナリ。聞ク、薩ノ日下部以三次《くさかべいそじ》ハ、対吏ノ日、当今政治ノ缺失《けつしつ》ヲ歴詆《れきてい》シテ、如レ是《かくのごとく》ニテハ往先《ゆくさき》三五年ノ無事モ保シ難ト云テ、鞠吏《きくり》ヲ激怒セシメ、乃曰《すなわちいわく》、是《ここ》ヲ以《もつて》死罪ヲ得ルト雖《いえ》ドモ悔《くい》ザルナリト。是、吾ノ及《およば》ザル所ナリ。子遠ノ死ヲ以テ吾ニ責ムルモ、亦、此意ナルベシ。唐ノ段秀実《だんしゅうじつ》、郭曦《かくぎ》ニ於テハ彼カ如クノ誠悃《せいこん》、朱泚《しゅせい》ニ於テハ彼カ如クノ激烈、然ラバ、則、英雄自ラ時措《じそ》ノ宜シキアリ。要内省《ようはうちにかえりみて》不レ疚《やましからざる》ニアリ、抑《そもそも》亦人知リ幾ヲ見ルコトヲ尊ブ。吾ノ得失、當《ま》サニ蓋棺《がいかん》ノ後ヲ待テ議スベキノミ。

【第四条・今回の取り調べはザツ】

一、此回ノ口書《くちがき》甚《はなはだ》草々《そうそう》ナリ、七月九日一通リ申立タル後、九月五日、十月五日、両度ノ呼出モ差タル鞠問《きくもん》モナクシテ、十月十六日ニ至リ、口書読聞《よみきか》セアリテ、直《ただち》ニ書判《かきはん》セヨトノ事ナリ。余ガ苦心セシ墨使《ぼくし》応接、航海雄略等ノ論、一モ書載セズ。唯数ヶ所開港ノ事ヲ程克申延《ほどよくもうしのべ》テ、国力充実ノ後御打払可レ然ナド、吾心ニモ非ザル迂腐《うふ》ノ論ヲ書付テ口書トス。吾言テ益ナキヲ知ル故ニ、敢テ云ハズ。不満ノ甚シキナリ。甲寅《こういん》ノ歳、航海一条ノ口書ニ比スル時ハ、雲泥《うんでい》ノ違ト云フベシ。

【第五条・なぜ〝要撃〟と言わなかったか】

一、七月九日、一通り大原公ノ事、鯖江要駕《ようが》ノ事等申立タリ。初意《おもえ》ラク、是等ノ事、幕ニモ已ニ諜知《ちょうち》スベケレバ、明白ニ申立タル方却《かえつ》テ宜シキナリト。已ニシテ逐一口ヲ開キシニ、幕ニテ一円知ラザルニ似タリ。因テ意ラク、幕ニテ知ラヌ所ヲ、強《しい》テ申立テ、多人数ニ株連蔓延《しゅれんまんえん》セバ、善類ヲ傷《そこな》フコト少ナカラズ、毛ヲ吹テ瘡《きず》ヲ求ムルニ斉《ひと》シト。是ニ於テ鯖江要撃ノ事モ、要諫《ようかん》トハ云替《いいかえ》タリ。又京師往来諸友ノ姓名、連判諸士ノ姓名等可レ成丈は隠シテ具白セズ。是吾、後起人《こうきにん》ノ為メニスル区々ノ婆心《ばしん》ナリ。而シテ、幕裁果シテ吾一人ヲ罰シテ、一人モ他ニ連及ナキハ、実ニ大慶《たいけい》ト云フベシ。同志ノ諸友深ク考思セヨ。

【第六条・神さまは御覧になっている】

一、要諫一條ニ付、事不レ遂《とげざる》時ハ鯖侯ト刺違《さしちがえ》テ死シ、警衛ノ者要蔽《ようへい》スル時ハ切払ベキトノ事、実ニ吾ガ云ハザル所ナリ。然ルニ、三奉行、強テ書載シテ誣服《ぶふく》セシメント欲ス。誣服ハ、吾肯《あえ》テ受ンヤ。是ヲ以テ十六日書判《かきはん》ノ席ニ臨テ、石谷、池田ノ両奉行ト大ニ争弁ス、吾肯テ一死ヲ惜マンヤ、両奉行ノ權詐《けんさ》ニ伏セザルナリ。是ヨリ先、九月五日、十月五日、両度ノ吟味ニ吟味役マデ具《つぶさ》ニ申立タルニ、死ヲ決シテ要諌ス、必シモ刺違、切払等ノ策アルニ非ズ。吟味役、具ニ是ヲ諾シテ、而モ且口書ニ書載スルハ、権詐ニ非ズヤ。然ドモ事已ニ爰《ここ》ニ至レバ、刺違、切拂ノ両事ヲ受ケザルハ、却テ激烈ヲ缺《か》キ、同志ノ諸友亦惜ムナルベシ。吾ト云ドモ、亦惜シマザルニ非ズ。然ドモ反復是ヲ思ヘバ、成仁ノ一死、区々一言ノ得失ニ非ズ。今日義卿《ぎけい》、奸権ノ為メニ死ス。天地神明照鑑上《しょうかんじょう》ニアリ、何惜ムコトカアラン。

【第七条・江戸に来て、ふたたび〝生きたい〟と思ったこと】

一、吾此回初メ素《もと》ヨリ生ヲ謀ラズ、又死ヲ必《ひっ》セズ。唯誠ノ通塞《つうそく》ヲ以テ天命ノ自然ニ委《まか》シタルナリ。七月九日ニ至テハ、略《ほぼ》一死ヲ期ス。故ニ其詩ニ云、継盛唯當レ甘ニ市戮一《けいせいただまさにしりくにあまんずべし》、倉公寧復望ニ生還一《そうこういずくんぞまたせいかんをのぞまんや》。其後九月五日、十月五日、吟味ノ寛容ナルニ欺カレ、又必生ヲ期ス、亦頗《すこぶ》ル慶幸《けいこう》ノ心アリ。此心、吾此身ヲ惜シム為メニ発スルニ非ズ。抑《そもそも》故《ゆえ》アリ。去臘大晦《きょろうたいかい》、朝議已ニ幕府ニ貸《ゆる》ス。今春三月五日、吾公ノ駕《が》已ニ萩府《しゅうふ》ヲ発ス。吾策是ニ於テ、尽果《つきはて》タレバ死ヲ求ムルコト極テ急ナリ。六月ノ末、江戸ニ来ルニ及ンデ、夷人ノ情態ヲ見聞シ、七月九日獄ニ来リ、天下ノ形成ヲ考察シ、神国ノ事、猶《なお》ナスベキモノアルヲ悟リ、初テ生ヲ幸トスルノ念勃々《ぼつぼつ》タリ。吾若《も》シ死セズンバ、勃々タルモノ決シテ汨没《こつぼつ》セザルナリ。然ドモ十六日ノ口書《くちがき》、三奉行ノ権詐、吾ヲ死地ニ措《おか》ントスルヲ知リテヨリ、更ニ生ヲ幸《ねが》ノ心ナシ。是亦、平生《へいぜい》学問ノ得力然ルナリ。

（第三節　四季の循環を思い〝安心〟をえる）

【第八条・後来《こうらい》の種子】

一、今日死ヲ決スルノ安心ハ、四時ノ順環ニ於テ得ル所アリ。蓋シ彼禾稼《かのかか》ヲ見ルニ、春種シ、夏苗シ、秋苅《かり》、冬藏ス。秋冬ニ至レバ、人皆其歳功ノ成ルヲ悦ビ、酒ヲ造リ醴《れい》ヲ為リ、村野歡声アリ。未ダ曾《かつ》テ西成《せいせい》ニ臨テ、歳功ノ終ルヲ哀シムモノヲ聞カズ。吾行年《こうねん》三十。一事成ルコトナクシテ死シテ、禾稼ノ未ダ秀デズ、実ラザルニ似タレバ、惜シムベキニ似タリ。然《しかれ》ドモ義卿《ぎけい》ノ身ヲ以テ云ヘバ、是亦秀実ノ時ナリ。何ゾ必シモ哀シマン。何トナレバ、人寿ハ定リナシ。禾稼ノ必ズ四時ヲ経ル如キニ非ズ。十歳ニシテ死スル者ハ、十歳中自ラ四時アリ。二十ハ、自ラ二十ノ四時アリ。三十ハ自ラ三十ノ四時アリ。五十、百ハ自ラ五十、百ノ四時アリ。十歳ヲ以テ短トスルハ、蟪蛄《けいこ》ヲシテ霊椿《れいちん》タラシメント欲スルナリ。百歳ヲ以テ長シトスルハ、霊椿ヲシテ蟪蛄タラシメント欲スルナリ。斉《ひと》シク命ニ達セズトス。義卿三十、四時已《すでにそなわる》備、亦秀亦実、其秕《しいな》タルト其粟タルト、吾ガ知ル所ニ非ズ。若シ同志ノ士、其微衷《びちゅう》ヲ憐ミ継紹《けいしょう》ノ人アラバ、乃チ後来ノ種子未ダ絶ヘズ、自ラ禾稼ノ有レ年ニ恥ザルナリ。同志其是ヲ考思セヨ。

《死生を分かつ》

(第一節　尊攘堂と獄中の同志)

【第九条・獄中の同志たち】

一、東口揚屋《あがりや》ニ居ル水戸ノ郷士堀江克之助《ほりえよしのすけ》、余未ダ一面ナシト雖ドモ、真ニ知己ナリ。真ニ益友ナリ。余ニ謂テ曰、昔シ矢部《やべ》駿州《しゅんしゅう》ハ桑名侯ヘ御預ケノ日ヨリ絶食シテ、敵讐《てきしゅう》ヲ詛《のろひ》テ死シ、果シテ敵讐ヲ退ケタリ。今足下モ、自ラ一死を期スルカラハ、祈念ヲ籠テ内外ノ敵ヲ払ハレヨ、一心ヲ残置テ給ハレヨト、丁寧ニ告戒セリ。吾誠ニ此言ニ感服ス。又鮎沢伊太夫《あゆざわいだゆう》ハ水藩ノ士ニシテ、堀江ト同居ス。余ニ告テ曰、今足下ノ御沙汰モ未ダ測ラレズ、小子ハ海外ニ赴ケバ天下ノ事、總《すべ》テ天命ニ付センノミ、但シ天下ノ益トナルベキ事ハ、同志ニ托シ、後輩に残シ度《たき》コトナリト。此言大ニ吾志ヲ得タリ。吾ノ祈念ヲ籠《こむ》ル所ハ、同志ノ士、甲斐《かいがい》々々シク吾志ヲ継紹《けいしょう》シテ尊攘ノ大功ヲ建テヨカシ、ナリ。吾死ストモ堀鮎二子ノ如キハ、海外ニ在トモ獄中ニ在トモ、吾ガ同志タラン者、願クバ交ヲ結ベカシ。又本所亀沢町《ほんじよかめざわちょう》ニ、山口三輶《さんゆう》ト云医者アリ。義ヲ好ム人ト見ヘテ、堀鮎二子ノ事ナド、外間ニ在テ大ニ周旋セリ。尤《もっと》モ及ブベカラザルハ、未ダ一面モナキ小林民部《こばやしみんぶ》ノ事、二子ヨリ申遣《もうしつかわし》タレバ、小林ノ為メニモ、亦大ニ周旋セリ。此人想フニ不凡ナラン。且三子ヘノ通路ハ、此三輶老ニ托スベシ。

【第十条・「尊攘堂」の計画】

一、堀江常ニ神道ヲ崇メ、□天皇ヲ尊ビ、大道ヲ天下ニ明白ニシ、異端邪説ヲ排セント欲ス。謂《おもえ》ラク、天朝ヨリ教書ヲ開板シテ天下ニ頒示《はんじ》スルニ如カズト。余謂ラク、教書を開板スルニ一策ナカルベカラズ、京師《けいし》ニ於テ大學校ヲ興シ、上□天朝ノ御学風ヲ天下ニ示シ、又天下ノ奇材異能ヲ京師ニ貢シ、然ル後天下古今ノ正論確議ヲ輯集《しゅうしゅう》シテ書トナシ、□天朝御教習ノ餘ヲ天下ニ分ツ時ハ、天下ノ人心自ラ一定スベシト。因テ平《へい》生《ぜい》子遠ト密議スル所ノ尊攘堂《そんじょうどう》ノ議ト合セ、堀江ニ謀リ、是ヲ子遠ニ任スルコトニ決ス。子遠、若《も》シ能《よ》ク同志ト謀リ、内外志ヲ協《かな》ヘ、此事ヲシテ少シク端緒アラシメバ、吾ノ志トスル所モ亦荒《こう》セズト云フベシ。去年、勅諚綸旨《ちょくじょうりんじ》等ノ事一跌《いってつ》スト雖《いえ》ドモ、尊皇攘夷苟《いやしく》モ已《や》ムベキニ非レバ、又善術ヲ設ケ、前緒ヲ継紹セズンバアルベカラズ。京師《けいし》學校ノ論、亦奇ナラズヤ。

【第十一条・小林民部のこと】

一、小林民部云、京師ノ学習院ハ定日アリテ、百姓町人ニ至ルマデ、出席シテ講釋ヲ聴聞スルコトヲ許サル。講日ニハ公卿方出座ニテ、講師菅家《かんけ》、清家《せいけ》及ビ地下《じげ》ノ儒者相混ズルナリ。然ラバ此基ニ因テ更ニ斟酌《しんしゃく》ヲ加ヘバ、幾等モ妙策アルベシ。又懐徳堂ニハ靈元上皇宸筆勅額《れいげんじょうこうしんぴつちょくがく》アリ。此基ニ因リ更ニ一堂ヲ興スモ亦妙ナリト、小林云ヘリ。小林ハ鷹司家ノ諸大夫ニテ、此度遠島ノ罪科ニ處セラル。京師諸人中、罪責極テ重シ。其人多材多芸、唯文学ニ深カラズ。處事ノ才アル人ト見ユ。西奥揚屋《あがりや》ニテ余ト同居ス。後東口ニ移ル。京師ニテ吉田ノ鈴鹿石州《すずかせきしゅう》、同筑州、別テ知己ノ由。亦、山口三《さん》輶《ゆう》モ、小林ノ為メニ大ニ周旋シタレバ、鈴鹿カ山口カノ手ヲ以テ、海外マデモ吾同志ノ士、通信ヲナスベシ、京師ノ事ニ就テハ、後来必ズ力ヲ得ル所アラン。

【第十二条・玉と砕けること】

一、讃ノ高松ノ藩士長谷川宗右衛門、年来主君ヲ諌《いさ》メ、宗藩水家ト親睦ノ事ニ付テ苦心セシ人ナリ。東奥揚屋ニアリ。其子速水《はやみ》、余ト西奥ニ同居ス。此父子ノ罪科何如、未ダ知ルベカラズ。同志ノ諸友、切ニ記念セヨ。予初テ長谷川翁ヲ一見セシトキ、獄吏左右ニ林立ス。法、隻語《せきご》ヲ交ルコトヲ得ズ。翁、獨語スルモノノ如シテ曰、寧《むしろ》為レ玉砕《たまとなりてくだくるとも》、勿ニ為レ瓦全《かわらとなりてまつたかるなかれ》一ト。吾甚ダ其意ニ感ズ。同志其之ヲ察セヨ。

（第二節　尊皇攘夷の志）

【第十三条・同志の再起を期待する】

一、右数條、余徒《いたずら》ニ書スルニ非ズ。天下ノ事ヲ成スハ、天下有志ノ士ト志ト通ズルニ非レバ得ズ。而シテ右数人、余此《この》回新ニ得ル所ノ人ナルヲ以テ、是ヲ同志ニ告示スナリ。又勝野保三郎《やすさぶろう》、早、已ニ出牢ス。就テ其詳《しょう》ヲ問知スベシ。勝野ノ父豊作《ほうさく》、今潜伏スト雖ドモ、有志ノ士ト聞ケリ。他日事平《たいらぐ》ヲ待テ、物色《ぶっしょく》スベシ。今日ノ事、同志ノ諸士、戦敗ノ餘、傷残ノ同士ヲ問訊《もんじん》スル如クスベシ。一敗乃挫折スル、豈《あに》勇士ノ事ナランヤ。切ニ囑《しょく》ス。切ニ囑ス。

【第十四条・橋本左内のこと】

一、越前ノ橋本左内《さない》、二十六歳ニシテ誅《ちゅう》セラル。実ニ十月七日ナリ。左内東奥ニ坐スル、五六日ノミ。勝保、同居セリ、後勝保西奥ニ来リ、予ト同居ス。予勝保ノ談ヲ聞テ、益々左内ト半面ナキト嘆ズ。左内、幽囚邸居中、資治通鑑《しじつがん》ヲ読ミ、註ヲ作リ、漢紀《き》ヲ終ル。又獄中、教学工作等ノ事ヲ論ゼシ由、勝保予ガ為メニ是ヲ語ル。獄ノ論、大ニ吾意ヲ得タリ。予、益々左内ヲ起シテ、一議ヲ発センコトヲ思フ。嗟夫《ああ》。

【第十五条・鮎沢に約束したこと】

一、清狂ノ護国論、及ビ吟稿、口羽《くちば》ノ詩稿、天下同志ノ士ニ寄示シタシ。故ニ余、是ヲ水人鮎沢伊太夫ニ贈ルコトヲ許ス。同志、其吾ニ代テ此言ヲ践《ふ》マバ幸甚ナリ。

【第十六条・書き終わって】

一、同志諸友ノ内、小田村、中谷、久保、久坂、子遠兄弟等ノ事、鮎沢、堀江、長谷川、小林、勝野等へ告知シ置ヌ。村塾ノ事、須佐《すさ》、阿月《あづき》等ノ事モ告置ケリ。飯田・尾寺・高杉及ビ利輔ノ事モ諸人ニ告置シナリ。是皆、吾ガ苟《いやしく》モ是ヲナスニ非ズ。

かきつけ終りて後

心なる　ことの種々《くさぐさ》　かき置きぬ　思残《おもいのこ》せる　ことなかりけり

呼だしの　聲《こえ》まつ外に　今の世に　待つべき事の　なかりける哉《かな》

討たれたる　吾をあわれと　見ん人は　君を崇めて　夷《えびす》払へよ

愚なる　吾をも友と　めづ人は　わがとも友と　めでよ人々

七たびも　生きかえりつつ　夷をぞ　攘《はら》はんこころ　吾忘れめ哉

十月廿六日黄昏《こうこん》書　二十一回猛士

〈編訳者略歴〉
松浦光修（まつうら　みつのぶ）
昭和34（1959）年、熊本市生まれ。皇學館大学文学部を卒業後、同大学院博士課程に学ぶ。専門は日本思想史。歴史、文学、宗教、教育、社会に関する評論、また随筆など、幅広く執筆。現在、皇學館大学文学部教授。博士（神道学）。

著書としては、専門書に、『大国隆正の研究』（神道文化会・平成13年）、『大国隆正全集（編者）』第八巻・補遺（国書刊行会・平成13年）などがあり、その他に、『竹内式部』（皇學館大学出版部・平成７年）、『やまと心のシンフォニー』（国書刊行会・平成14年）、『いいかげんにしろ日教組』（ＰＨＰ研究所・平成15年）、『夜の神々』（慧文社・平成17年）、『永遠なる日本のために――“女系天皇”は天皇といえるのか』（四柱神社・平成18年）、『［新訳］南洲翁遺訓　西郷隆盛が遺した「敬天愛人」の教え』（ＰＨＰ研究所・平成20年）、『日本の心に目覚める五つの話』（明成社・平成22年）、『楠公精神の歴史』（湊川神社・平成25年）、『日本は天皇の祈りに守られている』（致知出版社・平成25年）などがある。
共著としては、『名画に見る國史の歩み』（近代出版社・平成12年）、『高等学校・最新日本史』（明成社・平成14年）、『日本を虐げる人々　偽りの歴史で国を売る徒輩を名指しで糺す』（ＰＨＰ研究所・平成18年）、『日本人として知っておきたい皇室のこと』（ＰＨＰ研究所・平成20年）、『日本史の中の世界一』（育鵬社・平成21年）、『日本人として。皇学』（神社新報社・平成22年）、『君たちが、日本のためにできること』（明成社・平成23年）、『伊勢の神宮と式年遷宮』（皇學館大学出版部・平成24年）などがある。

[新訳]留魂録

吉田松陰の「死生観」

2011年10月27日　第1版第1刷発行
2024年8月12日　第1版第8刷発行

編訳者　松浦光修
発行者　永田貴之
発行所　株式会社ＰＨＰ研究所
東京本部　〒135-8137　江東区豊洲5-6-52
ビジネス・教養出版部　☎03-3520-9615(編集)
普及部　☎03-3520-9630(販売)
京都本部　〒601-8411　京都市南区西九条北ノ内町11

PHP INTERFACE　https://www.php.co.jp/

制作協力
組版　株式会社PHPエディターズ・グループ

印刷所　大日本印刷株式会社
製本所　東京美術紙工協業組合

ISBN978-4-569-80002-8

PHPの本

［新訳］五輪書

自己を磨き、人生に克つためのヒント

宮本武蔵 著／渡辺 誠 編訳

兵法書として知られる同書の一一五項目に、平易な訳文と解説を加え、現代の仕事観や人生観を考える際にも役立つ一冊。

PHPの本

［抄訳］葉隠

組織人としての心得を学ぶための百言百話

渡辺　誠　編訳

「武士道といふは、死ぬ事と見つけたり」が有名な本書から、現代に通じる武士（個人）や藩（組織）の危機管理の実践的教訓を読み取る。